Ma première
Bible
illustrée

Histoires de l'Ancien et du
Nouveau Testaments racontées par
Pat Alexander

Illustrations de Carolyn Cox

Pour le Canada
© Les éditions Héritage inc. 2002
ISBN : 2-7625-1712-5

Imprimé en Malaisie

Sarah-Eve Autotte 27/04/2003
Cadeau de 1º communion de Denise Lafrénière

Table des Matières

L'histoire du peuple de Dieu
L'ANCIEN TESTAMENT

L'histoire de Jésus et de ses disciples
LE NOUVEAU TESTAMENT

L'histoire du peuple de Dieu

L'ANCIEN TESTAMENT

Nous commençons au tout début, avant que le monde lui-même ne soit fait: au commencement, Dieu était là. Il a fait le monde et tout ce qui s'y trouve. Il a créé les premiers hommes aussi. Et quand ces hommes commencèrent à l'oublier, Dieu eut un plan pour les ramener à lui: il choisit un homme, Abraham, et par lui tout un peuple... et de ce peuple, un Sauveur. La Bible nous raconte comment ce plan s'est déroulé. L'histoire que nous lisons dans ce livre, c'est l'histoire de l'amour de Dieu.

Au commencement

Il y a bien longtemps, lorsque tout commença, Dieu créa le monde – ce monde où nous vivons. Il fit le soleil pour que le jour soit rempli de lumière et il fit la lune et les étoiles pour qu'il y ait aussi un peu de clarté la nuit; et puis il fit le ciel, la terre et la mer.

Il fit ensuite les oiseaux qui volent dans le ciel, les poissons qui nagent dans la mer et les autres animaux qui vivent sur la terre. Et lorsque Dieu regarda tout ce qu'il venait de faire, il fut très content. Tout était prêt dans le monde pour la venue des hommes; aussi Dieu créa-t-il un homme et une femme: Adam et Eve.

Dieu chargea Adam et Eve de s'occuper du monde tout neuf qu'il venait de créer; il leur dit de prendre soin des plantes et des arbres, des oiseaux, des poissons et de tous les autres animaux. Il les installa dans un endroit ravissant où coulaient de fraîches rivières à l'ombre de grands arbres et où poussaient toutes sortes de fruits délicieux. Cet endroit merveilleux s'appelait le jardin d'Eden.

Adam et Eve y vivaient très heureux. Dieu ne leur avait interdit qu'une seule chose: il leur avait défendu de manger le fruit d'un certain arbre, celui de la connaissance du bien et du mal. Dieu avait ajouté que si jamais ils en mangeaient, ils mourraient. Adam et Eve obéissaient-ils à Dieu, et Dieu était leur ami.

Un jour qu'Eve passait près de cet arbre – celui de la connaissance du bien et du mal –, elle entendit la voix suave et sifflante du serpent: «Regarde, Eve, comme ce fruit a l'air bon! mmmh! Tu en as l'eau à la bouche! Mais goûte-le donc, il donne la sagesse; si tu en manges, tu deviendras comme Dieu.»

Eve écouta ce que le serpent lui susurrait. Elle

regarda le fruit et oublia toute la bonté que Dieu lui avait toujours manifestée. Elle voulut devenir aussi intelligente que Dieu et faire ce qui lui plaisait.

Eve allongea le bras, cueillit le fruit et se mit à le manger en le partagent avec Adam.

A partir de ce moment, tout changea et les choses se gâtèrent.

Dieu savait ce qu'Adam et Eve avaient fait car personne ne peut rien cacher à Dieu. L'amitié qui régnait entre Adam, Eve et Dieu se brisa, et Dieu les chassa: ils durent quitter le jardin d'Eden où ils avaient été si heureux, ce jardin où ils s'étaient promenés en parlant avec Dieu. Un ange armé d'une épée monta la garde à l'entrée du jardin pour les empêcher à tout jamais d'y revenir.

Ils durent alors se mettre à travailler dur, si dur qu'ils en furent épuisés. Ils apprirent à connaître la souffrance, mais ce qui fut encore bien pire, c'est que les terribles paroles d'avertissement que Dieu leur avait dites se réalisèrent: ils surent qu'il leur faudrait vieillir et mourir.

Après avoir quitté le jardin d'Eden, Adam et Eve eurent deux enfants, deux garçons: Caïn et Abel. Quand ils furent devenus grands, Caïn devint cultivateur – il labourait, semait et récoltait – et Abel devint berger – il gardait les troupeaux de son père.

Un jour, c'était à l'époque des moissons, Caïn apporta comme cadeau à Dieu un petit peu de ses récoltes; sa façon à lui de remercier Dieu. De son côté, Abel offrit à Dieu un de ses agneaux. C'étaient là de beaux cadeaux, mais on ne peut acheter l'amour de Dieu avec des cadeaux car ce que Dieu regarde, ce n'est pas le cadeau seulement, mais celui qui l'offre.

Comme Abel était un homme de bien, son cadeau fit plaisir à Dieu; en voyant cela, Caïn devint furieux et jaloux. Il se mit à détester son frère parce qu'il savait bien que Dieu n'avait pas aimé son cadeau à lui.

Un jour qu'ils étaient seuls tous les deux dans les champs, Caïn tua son frère Abel. Il croyait que personne n'avait vu ce qu'il avait fait, mais Dieu, lui, l'avait vu.

Dieu punit Caïn en le chassant pour toujours loin de sa maison et de sa famille. Le monde que Dieu venait tout juste de créer, ce monde si beau, était déjà souillé.

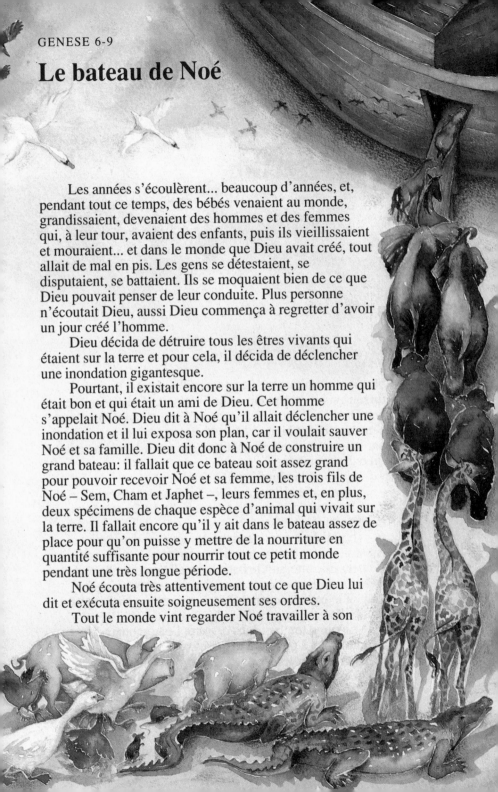

Le bateau de Noé

Les années s'écoulèrent... beaucoup d'années, et, pendant tout ce temps, des bébés venaient au monde, grandissaient, devenaient des hommes et des femmes qui, à leur tour, avaient des enfants, puis ils vieillissaient et mouraient... et dans le monde que Dieu avait créé, tout allait de mal en pis. Les gens se détestaient, se disputaient, se battaient. Ils se moquaient bien de ce que Dieu pouvait penser de leur conduite. Plus personne n'écoutait Dieu, aussi Dieu commença à regretter d'avoir un jour créé l'homme.

Dieu décida de détruire tous les êtres vivants qui étaient sur la terre et pour cela, il décida de déclencher une inondation gigantesque.

Pourtant, il existait encore sur la terre un homme qui était bon et qui était un ami de Dieu. Cet homme s'appelait Noé. Dieu dit à Noé qu'il allait déclencher une inondation et il lui exposa son plan, car il voulait sauver Noé et sa famille. Dieu dit donc à Noé de construire un grand bateau: il fallait que ce bateau soit assez grand pour pouvoir recevoir Noé et sa femme, les trois fils de Noé – Sem, Cham et Japhet –, leurs femmes et, en plus, deux spécimens de chaque espèce d'animal qui vivait sur la terre. Il fallait encore qu'il y ait dans le bateau assez de place pour qu'on puisse y mettre de la nourriture en quantité suffisante pour nourrir tout ce petit monde pendant une très longue période.

Noé écouta très attentivement tout ce que Dieu lui dit et exécuta ensuite soigneusement ses ordres.

Tout le monde vint regarder Noé travailler à son

bateau – c'était un très long travail – et, tous les jours,
lorsqu'on lui demandait ce qu'il faisait, Noé répétait ce
que Dieu lui avait dit à propos de l'inondation; mais tous
s'en moquaient bien...! Mais Noé ne se laissa pas arrêter
par leurs moqueries. Il continua son travail, et le bateau
fut enfin terminé...

    Un jour, la pluie se mit à tomber.

    Noé, sa famille et tous les animaux entrèrent alors
dans le bateau comme Dieu l'avait dit. Et Dieu referma
la porte derrière eux.

    Il plut à torrents pendant des jours et des jours.
Bientôt, toutes les rivières débordèrent et l'eau recouvrit
la terre. Elle atteignit le bateau qu'elle entoura de remous
et de tourbillons chaque jour plus puissants, et le jour
vint où le bateau se mit à flotter, emportant Noé et toute
sa famille.

    La pluie tombait sans cesse et l'eau montait
toujours: peu à peu, tout disparut sous les eaux; rien, ni
personne ne survécut.

    Seuls vivaient encore, dans le bateau, Noé, sa
famille et les animaux.

    Enfin, la pluie cessa de tomber. Lentement, très

lentement, l'eau se mit à baisser, et, un jour, le bateau
s'échoua sur une montagne. Noé voulut alors savoir si le
sol était assez sec pour que tous puissent quitter le
bateau, aussi laissa-t-il s'envoler par une fenêtre un
corbeau. Le corbeau ne revint pas. Noé lâcha une
colombe, mais la colombe revint parce que le sol n'était
pas encore assez sec pour elle, et Noé la fit rentrer dans
le bateau. Quelques jours plus tard, Noé lâcha de
nouveau la colombe, et cette fois, elle revint en portant
dans son bec une feuille d'olivier bien verte. Noé se dit
alors que le sol était presque sec. Lorsque la colombe
s'envola pour la troisième fois, elle ne revint pas, et, peu
après, Noé put enfin voir de ses yeux la terre redevenue
sèche.

   Alors, Dieu dit à Noé que le moment était venu pour
eux de quitter le bateau et de prendre un nouveau départ
dans un monde nouveau et purifié. Ce fut une journée
extraordinaire! Les animaux et les hommes se
bousculaient tant ils étaient pressés de sortir du bateau et
de retrouver la terre ferme! Noé et sa famille riaient,
criaient et sautaient de joie! Puis ils remercièrent Dieu de
les avoir protégés.

Ils construisirent un autel – c'est-à-dire qu'ils
prirent de grosses pierres qu'ils mirent en tas, et ils
posèrent dessus du bois – et, sur cet autel, ils firent brûler
quelques animaux: c'était un cadeau qu'ils offraient à
Dieu pour le remercier. Lorsque le soleil se mit à briller
après avoir percé les nuages, un merveilleux arc-en-ciel
se déploya dans le ciel, car Dieu avait promis à Noé de
ne plus jamais envoyer d'inondation pour détruire la
terre. Cet arc-en-ciel – que tous pouvaient voir – était là
pour rappeler la promesse que Dieu avait faite et qu'il
tiendrait jusqu'à la fin des temps.

La tour de Babel

Après la grande inondation, Noé et ses fils se mirent à cultiver la terre et à planter des vignes. Ils eurent des enfants et leurs enfants eurent à leur tour des enfants. Il y eut bientôt tellement de monde que certaines familles durent s'en aller plus loin pour trouver de l'herbe pour leurs troupeaux.

Mais, à cette époque, tout le monde parlait la même langue: une langue simple qui leur permettait de s'entendre et de travailler ensemble très facilement.

Quelques-uns de ceux qui avaient dû partir plus loin s'installèrent dans les plaines de Babylonie. Là, ils apprirent à faire des briques, à les cuire pour les rendre plus solides et à se servir de bitume pour les faire tenir ensemble: désormais, ils pouvaient construire!

Un jour, un de ces hommes eut une idée:

«Construisons-nous une ville et faisons une grande tour, la plus grande tour du monde; nous deviendrons célèbres!» Tout le monde trouva que c'était une idée formidable, et vite, ils se mirent tous à l'ouvrage avec ardeur pour construire la tour de Babel.

Dieu les regardait travailler. Il voyait les murs qui s'élevaient de plus en plus haut, il les entendait faire des projets de plus en plus hardis et il savait que tout cela n'allait rien amener de bon. Ces hommes commençaient à se croire tout-puissants, et à se prendre pour des dieux.

Aussi, Dieu décida-t-il d'agir, sans attendre que la tour soit finie. Si tous ces gens parlaient des langues différentes, ils ne pourraient plus se comprendre et auraient beaucoup plus de mal à travailler ensemble. Alors Dieu les fit tous parler des langues différentes et les dispersa aux quatre coins du monde.

Ils partirent vers le Nord, vers le Sud, vers l'Est et vers l'Ouest. Certains d'entre eux s'installèrent le long de la côte est de la mer Méditerranée et dans les îles de cette région, d'autres se fixèrent en Egypte et en Afrique, d'autres encore se dirigèrent vers l'Assyrie et l'Arabie.

Plus jamais les hommes ne purent s'entendre et travailler ensemble aussi facilement qu'auparavant et lorsqu'ils parlaient de la construction de la grande tour de Babel, c'était pour se rappeler le «blabla» incompréhensible qui avait été le seul résultat de leur grand projet.

Abraham et Lot

Dans la ville d'Ur, en Chaldée, vivait un homme nommé Abraham. Cet homme avait une femme qui s'appelait Sara.

Un jour, Dieu dit à Abraham:

«Je voudrais que tu quittes Ur et que tu t'en ailles bien loin d'ici, dans le pays de Canaan. Si tu fais ce que je te demande, je ferai de toi le père d'une grande nation.»

Il faut dire qu'Abraham et Sara n'avaient pas d'enfants. Mais ils crurent ce que Dieu leur disait et firent ce qu'il leur avait demandé. Ils prirent avec eux le neveu d'Abraham qui s'appelait Lot, ils prirent aussi tous leurs serviteurs et leurs troupeaux et ils quittèrent Ur. Ils laissèrent donc derrière eux leur famille, leur maison, leurs amis – tous les gens et les lieux qu'ils connaissaient bien – pour partir vers un pays inconnu.

En ce temps-là, les voyages étaient très lents, et la route qui menait en Canaan était très longue, mais ils finirent tout de même par arriver au terme de leur voyage. Ils installèrent leurs tentes à Mamré, près d'Hébron, et ils vécurent là, heureux, tous ensemble, pendant bien des années. Mais peu à peu, les troupeaux de bœufs et de moutons s'agrandirent et le jour vint où il n'y eut plus assez d'eau ni assez d'herbe pour toutes les bêtes. Les hommes qui gardaient les troupeaux d'Abraham se mirent à se disputer avec ceux qui gardaient les troupeaux de Lot. Abraham et Lot pensèrent alors qu'il valait mieux se séparer. Abraham laissa Lot choisir l'endroit où il lui plairait d'aller. Lot décida de quitter les collines où ils étaient installés pour descendre dans la verdoyante vallée du Jourdain, tout près d'une ville nommée Sodome; ses troupeaux ne manqueraient là ni d'eau fraîche ni d'herbe grasse... et Lot partit. Puisque Lot avait choisi la vallée, il ne restait plus à Abraham qu'à aller sur les montagnes où l'eau était rare et l'herbe maigre et grillée par le soleil.

En choisissant la belle et riante vallée, Lot avait fait un mauvais choix car les habitants de Sodome étaient orgueilleux, avides et paresseux. C'étaient des gens

cruels, brutaux et impitoyables. Il se passait dans
Sodome d'horribles choses dont personne n'avait honte.
La ville de Sodome méritait d'être punie.

Un jour qu'il faisait très chaud, c'était vers midi,
Abraham se reposait à l'ombre de sa tente; il vit soudain
venir vers lui trois étrangers. Il se leva pour les saluer et
les invita à se reposer un peu dans sa tente et à manger
avec lui. Vite, vite, Sara et ses servantes se dépêchèrent
de leur préparer un bon repas.

Lorsqu'ils eurent terminé leur repas, les visiteurs
dirent à Abraham pourquoi ils étaient venus: bien que le
temps ait passé et qu'Abraham et Sara aient vieilli, Dieu
avait une bonne nouvelle à leur annoncer: très bientôt, le
petit garçon qu'ils espéraient depuis si longtemps
viendrait au monde! il serait là! Quelle surprise! Quelle
joie!

Mais ce que les visiteurs leur dirent ensuite les
attrista beaucoup: Dieu avait décidé de détruire Sodome
– la ville où habitait Lot.

Comme Lot et sa famille étaient les seuls habitants
de Sodome qui ne soient pas méchants, Dieu leur envoya
des messagers pour les avertir de ce qui allait arriver et
leur permettre de fuir la ville avant qu'il ne soit trop tard.

Ils avaient à peine quitté Sodome qu'un sourd
grondement se fit entendre, le sol trembla et vacilla, une
pluie de feu et de cendres se mit à tomber sur la ville et

les villages environnants, la poussière remplissait l'air.
En dépit de tout cela, la femme de Lot refusait de se
dépêcher; elle s'arrêta même pour regarder ce qui se
passait et fut tuée. Seuls Lot et ses deux filles
échappèrent à la catastrophe. Dieu leur avait sauvé la vie.

GENESE 21-22

Isaac et la mise à l'épreuve

Lorsque Dieu avait demandé à Abraham de quitter Ur, il lui avait promis qu'il deviendrait le père d'une grande nation.

Mais Abraham dut attendre ce fils pendant de longues années. Chaque nuit, lorsqu'il regardait les étoiles, Abraham se souvenait de la promesse de Dieu. Enfin, lorsqu'Abraham et Sara furent devenus vieux tous les deux et eurent perdu tout espoir d'avoir un enfant, Isaac naquit! Lorsque Sara vit son bébé, elle fut si heureuse qu'elle se mit à rire aux éclats.

Les années passèrent et Isaac devint grand et fort.

C'est alors que Dieu décida de mettre Abraham à l'épreuve.

«Abraham, lui dit-il, je veux que tu prennes Isaac – ton fils, le seul que tu aies, celui que tu aimes tant – et que tu l'emmènes au pays de Moriyya: là tu me l'offriras en sacrifice.»

Mais Abraham avait appris à faire confiance à Dieu

et à lui obéir en toutes circonstances; il se mit donc en route avec Isaac dès l'aube du jour suivant. Isaac portait le bois, et son père, lui, portait le couteau et les braises pour allumer le feu.

Ils voyagèrent pendant trois jours. Abraham était torturé à la pensée de ce qu'il allait devoir faire lorsqu'ils seraient arrivés, mais il n'en dit rien à Isaac. Ils étaient presque arrivés quand Isaac demanda:

«Père, nous avons bien le bois et le feu nécessaires pour offrir le sacrifice à Dieu, mais où est l'agneau?»

Abraham respira profondément et répondit: «C'est Dieu qui nous donnera l'agneau.» Mais lorsqu'ils furent arrivés et qu'ils eurent construit l'autel et mis le bois par-dessus, Abraham dut prendre Isaac, lui lier les mains et l'allonger sur l'autel... puis il leva son couteau pour tuer son fils...

Mais à cet instant précis, Dieu appela Abraham:

«Abraham! arrête! ne touche pas à cet enfant. Je sais maintenant que tu as vraiment confiance en moi et que tu m'obéiras toujours, quoi que je te demande. Regarde dans les fourrés, tu y trouveras un bélier accroché par les cornes; offre-le-moi en sacrifice.»

Abraham délivra son fils qui tremblait encore. Remplis de reconnaissance et de joie, ils tuèrent le bélier et le brûlèrent sur l'autel. Et une fois de plus, Dieu promit de bénir merveilleusement Abraham parce qu'il lui avait obéi quand il l'avait mis à l'épreuve.

Une femme pour Isaac

Sara était morte et son mari Abraham était maintenant très vieux. Il était temps qu'Isaac se marie. Mais il fallait qu'il épouse une femme de la même famille que lui et surtout pas une femme du pays de Canaan où il habitait.

Or, la famille d'Abraham habitait bien loin de là et Abraham était trop vieux pour entreprendre un si long voyage. Alors, il appela le serviteur en qui il avait le plus confiance et il lui dit:

«Je veux que tu t'en ailles dans l'Aram, où habite mon frère Nahor, afin de choisir une femme pour Isaac.»

«Mais si la jeune fille que je choisis refuse de me suivre», demanda le vieux serviteur, «devrai-je alors lui amener Isaac?»

«Non, surtout pas! s'écria Abraham, car le pays que Dieu a promis de donner à mes descendants est ce pays-ci.»

Le serviteur partit en emmenant avec lui des hommes et des chameaux, mais aussi des cadeaux destinés à la jeune fille et à sa famille. Le voyage fut long et fatigant, mais le serviteur arriva enfin; là, il fit agenouiller ses chameaux près du puits, en dehors de la ville. C'était la fin de l'après-midi et les femmes allaient bientôt venir puiser de l'eau.

Le serviteur s'adressa alors à Dieu comme il l'avait souvent vu faire à son maître:

«Seigneur Dieu, lui dit-il, je vais dire à une de ces femmes: «J'ai soif, donne-moi de l'eau de ta cruche». Et si elle me répond: «Je vais aussi apporter de l'eau pour

tes chameaux», ce sera le signe que c'est bien elle qui doit devenir la femme d'Isaac.»

Il avait à peine fini de prier qu'il vit venir une jolie jeune fille avec sa cruche sur l'épaule. Dès qu'elle eut rempli sa cruche au puits, il lui demanda à boire. Elle lui tendit aussitôt sa cruche et lorsqu'il eut bu, elle lui apporta de l'eau pour ses chameaux.

C'était bien là le signe demandé! Alors le serviteur prit une bague et deux bracelets d'or et les donna à la jeune fille. Puis il lui demanda qui elle était et si ses hommes et lui pouvaient passer la nuit dans la maison de son père.

«Je m'appelle Rébecca, répondit-elle, je suis la fille de Bétouël et la petite fille de Nahor.»

«Mais alors, Dieu m'a conduit tout droit dans la famille de mon maître!» s'écria le serviteur; et il remercia Dieu de l'avoir aidé.

Rébecca courut chez elle pour montrer à sa famille les cadeaux qu'elle venait de recevoir; elle raconta tout ce qui s'était passé. Dès que son frère Laban entendit ces choses, il se dépêcha d'aller à la rencontre de l'étranger pour lui souhaiter la bienvenue.

Les chameaux reçurent vite leur nourriture, puis les hommes se lavèrent et vinrent s'asseoir devant un bon repas chaud. Mais le serviteur d'Abraham ne voulut pas manger avant d'avoir expliqué à toute la famille d'Abraham les raisons de sa venue. Il parla d'Abraham et

d'Isaac, il leur dit combien Dieu les avait bénis. Il leur raconta comment il avait prié Dieu près du puits et comment Dieu avait répondu à sa prière. Et il leur demanda enfin s'ils étaient d'accord pour que Rébecca reparte avec lui et devienne la femme d'Isaac.

Comment Bétouël et Laban auraient-ils pu refuser? Il était clair pour chacun que c'était là le plan de Dieu. Le serviteur leur remit alors tous les cadeaux de fiançailles puis, tout joyeux, ils fêtèrent l'événement en mangeant tous ensemble.

Le serviteur d'Abraham voulut partir dès l'aube le lendemain, tant il avait hâte de rentrer chez son maître. Rébecca elle-même était heureuse de partir pour un pays lointain, vers son futur mari.

Et c'est ainsi qu'un soir, Isaac vit arriver les chameaux... Le temps de l'attente était terminé. Rébecca devint la femme d'Isaac et il l'aima de tout son cœur.

L'histoire de Jacob

Isaac et Rébecca eurent des jumeaux: Esaü et Jacob. Lorsqu'ils naquirent, Dieu annonça qu'ils deviendraient les pères de deux peuples qui se feraient la guerre.

Esaü devint un habile chasseur. Il aimait vagabonder dans les collines pour traquer et tuer les animaux sauvages. Il les ramenait ensuite à la maison et en faisait de délicieux ragoûts parfumés dont son père raffolait. Jacob, lui, était tout différent; c'était un homme tranquille qui aimait rester à la maison. Il était le préféré de Rébecca.

Le mensonge

Avec l'âge, la vue d'Isaac se mit à baisser. Or, à cette époque, lorsqu'il sentait qu'il allait bientôt mourir, le père de famille avait l'habitude de demander à Dieu

une bénédiction toute particulière pour son fils aîné et Isaac décida que le moment était venu de donner sa bénédiction à Esaü. Mais, avant de le bénir, il demanda à Esaü d'aller à la chasse et de lui préparer un bon ragoût avec la viande qu'il rapporterait.

Rébecca décida que ce serait Jacob qui recevrait la bénédiction à la place d'Esaü. Pendant qu'Esaü était à la chasse, elle prépara donc avec la viande de deux chevreaux, le meilleur et le plus parfumé des ragoûts qu'elle ait jamais fait. Puis elle recouvrit les bras et le cou de Jacob – qui avait la peau douce – avec la toison des chevreaux pour qu'au toucher, ils soient comme ceux d'Esaü qui avait la peau rêche et velue.

Jacob mit enfin les habits de son frère puis apporta le repas à son père.

«Est-ce vraiment toi, Esaü?» demanda Isaac.

«Oui», mentit Jacob.

Isaac demanda alors à Dieu d'accorder ses plus riches bénédictions – celles qui sont réservées au fils aîné – à Jacob.

Lorsqu'Esaü lui-même arriva, la vérité éclata. Mais il était trop tard. Isaac avait donné sa bénédiction. Esaü était si furieux contre Jacob que Rébecca eut peur qu'il ne veuille le tuer. Elle réussit à convaincre Isaac de laisser partir Jacob dans sa famille à Aram pour qu'il y trouve une femme.

Le rêve

Jacob partit donc vers le nord. Au coucher du soleil, il arriva dans une vallée sauvage et rocailleuse. Il prit une pierre en guise d'oreiller et s'allongea pour dormir. Pendant la nuit, il fit un rêve et dans son rêve, il vit une grande échelle qui allait jusqu'au ciel et, le long de l'échelle, des anges qui montaient et qui descendaient. Dieu lui-même se tenait tout en haut et disait à Jacob:

«Cette terre sur laquelle tu es couché, je te la donnerai, à toi, et à tes descendants, je suis avec toi. Je veillerai sur toi, partout où tu iras et je te ramènerai dans ce pays.»

Lorsque Jacob se réveilla, il eut très peur malgré les paroles rassurantes qu'il avait entendues. Il était convaincu d'avoir entendu la voix de Dieu. Alors, Jacob fit une promesse à Dieu.

«Si tu es avec moi, si tu me protèges et si tu me fais revenir sain et sauf chez moi, alors tu seras mon Dieu.»

Jacob trouve à qui parler!

Jacob arriva donc au pays de sa mère. Il s'était arrêté tout près d'un puits pour essayer d'avoir là des nouvelles de son oncle Laban, quand une jeune fille vint au puits pour donner à boire à ses troupeaux. Quelle ne fut pas sa surprise lorsqu'il apprit que c'était justement sa

cousine Rachel, la fille de Laban! Jacob pleura de joie en lui disant qui il était.

Laban fit bon accueil à ce nouveau membre de la famille.

Jacob commença à travailler pour Laban et, au bout d'un mois, Laban lui demanda ce qu'il voulait comme salaire pour son travail.

Jacob lui répondit: «Je travaillerai pour toi pendant sept ans si tu me permets d'épouser ta fille Rachel.»

Laban accepta. Jacob aimait tellement Rachel que ces sept années lui parurent sept jours! Mais le jour du mariage, Laban joua un mauvais tour à Jacob en lui donnant sa fille aînée Léa sous prétexte que dans son pays, la fille aînée devait se marier avant la fille cadette.

Mais Laban accepta de lui donner aussi Rachel comme épouse à condition que Jacob travaille à nouveau sept ans pour lui sans être payé.

Jacob se retrouva donc avec deux femmes et un foyer bien malheureux; car il préférait Rachel. Léa en souffrait, mais elle avait des enfants alors que Rachel ne pouvait pas en avoir. Les années passèrent et Léa eut six garçons et une fille. Enfin, Rachel eut son premier fils qu'elle appela Joseph.

Le retour à la maison
Depuis longtemps déjà, Jacob voulait retourner dans

son pays, mais comme il avait aidé son oncle Laban à s'enrichir, celui-ci n'avait pas du tout l'intention de le laisser partir.

«Reste avec moi, lui disait-il, et je te donnerai comme salaire tout ce que tu voudras.» C'était l'occasion qu'attendait Jacob.

Jacob accepta la proposition de son oncle et lui dit: «Je prendrai comme salaire les chèvres et les moutons noirs du troupeau et aussi ceux qui sont tachetés.» Laban voulait le tromper encore mais Dieu aida Jacob qui eut bientôt de grands troupeaux. Jacob devint donc riche, mais les fils de Laban se mirent alors à le détester.

Jacob profita d'un moment où son oncle était très occupé pour s'enfuir avec ses femmes, ses enfants, ses serviteurs et ses troupeaux en traversant un fleuve appelé l'Euphrate. Laban eut beau courir derrière lui, il ne réussit pas à le convaincre de revenir chez lui, et Jacob continua son voyage de retour vers Canaan.

Mais plus il approchait de sa maison, plus il avait peur – car il se demandait si Esaü, son frère, était toujours en colère contre lui. Il envoya donc, en éclaireurs, des hommes chargés de faire la paix avec Esaü, mais ces hommes revinrent en disant qu'Esaü venait à sa rencontre avec quatre cents hommes. Jacob se tourna alors vers Dieu pour lui demander de l'aider.

«O Dieu! tu m'as dit de retourner chez moi, je ne mérite vraiment pas que tu sois bon envers moi mais sauve-moi maintenant de la colère d'Esaü.»

Puis il choisit des moutons, des chèvres, des chameaux, des bœufs et des ânes pour en faire cadeau à Esaü, et il les envoya en avant sous la garde de plusieurs serviteurs. Ensuite, il passa à son tour avec ses femmes et ses enfants le gué de la rivière Yabboq.

Cette nuit-là, lorsque Jacob se retrouva tout seul avec ses angoisses, quelque chose d'étrange se produisit. Un homme vint et se battit avec lui toute la nuit, jusqu'à l'aube. Jacob ne connaissait pas cet homme mais il savait que c'était Dieu qui l'avait envoyé; aussi il ne voulut pas que cet homme parte sans lui avoir donné sa bénédiction de la part de Dieu.

Le lendemain matin, Jacob boitait – et il boita jusqu'à la fin de ses jours. Mais c'était un homme transformé qui reçut un nouveau nom: il ne s'appelait plus Jacob – l'homme qui avait trompé son frère – mais Israël: l'homme qui avait vu Dieu face à face.

Le soleil se levait lorsque Jacob vit arriver Esaü et ses hommes. Il s'attendait au pire mais Esaü courut à sa rencontre et le serra dans ses bras. Toutes les disputes anciennes furent oubliées dans la joie des retrouvailles.

«Qui sont tous ces gens?» demanda Esaü en voyant toute la famille de Jacob se rassembler autour d'eux. «Et à qui sont tous ces troupeaux que j'ai rencontrés?» «Ces troupeaux sont à toi, je t'en fais cadeau», répondit Jacob. «Accepte-les, je t'en prie, car lorsque tu m'as accueilli, j'ai vu tant d'amour sur ton visage que j'ai presque cru voir le visage de Dieu lui-même.»

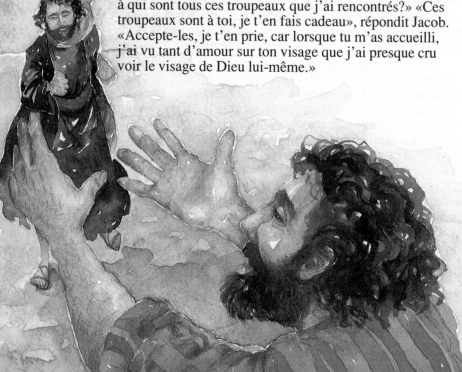

Joseph et ses frères

Jacob eut douze fils: Ruben, Siméon, Lévi, Juda, Issakar et Zabulon (les fils de Léa); Gad et Asker (les fils de Zilpa, qui était la servante de Léa); Dan et Nephtali (les fils de Bilha, qui était la servante de Rachel); et finalement Joseph et Benjamin (les fils de Rachel).

Jacob avait un fils préféré: Joseph. Il aurait dû savoir que cette préférence allait créer des difficultés. Mais il avait tellement aimé Rachel, qui était morte à la naissance de Benjamin, qu'il ne pouvait s'empêcher d'aimer davantage les fils de Rachel que ses autres enfants. Il n'essayait d'ailleurs même pas de cacher sa préférence. Il gâtait Joseph et lui avait même offert une très belle tunique qu'il aurait pourtant dû offrir à Ruben, le fils aîné.

Tout cela rendit les frères de Joseph jaloux et ils se mirent à le détester. Ce qui n'arrangeait pas les choses, c'est que Joseph faisait des rêves dans lesquels il voyait ses frères et même son père s'agenouiller devant lui. D'ailleurs, Jacob lui-même était agacé d'entendre Joseph parler de ses rêves.

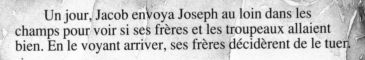

Un jour, Jacob envoya Joseph au loin dans les champs pour voir si ses frères et les troupeaux allaient bien. En le voyant arriver, ses frères décidèrent de le tuer.

Vendu comme esclave

«Jetez-le donc dans ce puits à sec!» leur dit Ruben, qui eut pitié de son frère. Or, pendant que Ruben s'était éloigné pour faire paître ses moutons, une caravane de marchands, en route pour l'Egypte, passa par là. Les autres frères eurent alors l'idée de leur vendre Joseph pour vingt pièces d'argent. Quand Ruben revint, il était trop tard: Joseph était parti.

Alors, ils couvrirent de sang la belle tunique de Joseph et, à leur retour, la montrèrent à leur père. Jacob pleura amèrement, car il pensait qu'une bête féroce avait dévoré Joseph, et rien ne put le consoler.

Pendant ce temps, les marchands avaient vendu Joseph comme esclave à Potiphar, un officier du roi d'Egypte. Malgré sa triste situation dans un pays étranger, Joseph n'était pas tout seul: Dieu était avec lui. Bientôt, Potiphar fut tellement content de son nouvel

esclave qu'il lui confia la responsabilité de toute sa maison et de ses affaires.

Comme Joseph était un beau garçon, la femme de Potiphar tomba amoureuse de lui. Mais Joseph refusa de trahir son maître et de s'occuper d'elle. De colère, elle s'en alla raconter à son mari des mensonges sur Joseph en disant qu'il l'avait attaquée.

Dans la prison du roi

Furieux, Potiphar fit jeter Joseph dans la prison du roi. Mais Dieu n'avait pas abandonné Joseph: il gagna la confiance du directeur de la prison, qui lui confia la responsabilité de tous les autres prisonniers. Parmi eux, il y avait l'échanson du roi d'Egypte – celui qui servait le vin – et son panetier – celui qui lui préparait le pain.

Une nuit, les deux hommes firent des rêves étranges et, le lendemain matin, quand Joseph leur apporta leur repas, il les trouva très préoccupés. Que pouvaient bien signifier ces rêves? A cette époque-là en Egypte, les gens prenaient leurs rêves très au sérieux. Chacun d'eux avait une signification.

«Dieu peut donner l'explication des rêves», leur dit Joseph. L'échanson et le panetier lui racontèrent donc leurs rêves, et Dieu fit savoir à Joseph ce qu'ils signifiaient. L'échanson avait rêvé d'une vigne à trois sarments. Il en avait cueilli les raisins, puis les avait pressés pour en faire sortir le jus et le servir au roi dans une coupe.

«Dans trois jours, lui dit Joseph, le roi va te libérer et te redonner ton ancien emploi.»

Le panetier avait rêvé qu'il portait sur sa tête trois corbeilles à pain pleines de gâteaux pour le roi, mais des oiseaux venaient manger ses gâteaux.

«Dans trois jours, lui dit Joseph, le roi te fera sortir de prison, mais ce sera pour te faire couper la tête.»

Tout se passa exactement comme Joseph l'avait dit.

Le rêve du roi

Deux ans plus tard, le roi fit lui aussi un rêve étrange et personne ne put le lui expliquer. Son échanson se souvint alors soudain de Joseph. On alla le tirer de sa prison et le roi lui raconta son rêve.

«Je me trouvais près du Nil – le plus grand fleuve de l'Egypte – lorsqu'il en sortit sept vaches grasses. Puis il en sortit sept autres toutes maigres qui mangèrent les grasses!»

Dieu donna à Joseph l'explication du rêve et Joseph dit au roi:

«Pendant sept ans, il y aura de très bonnes récoltes. Puis il y aura sept années de famine. Il serait sage de mettre de côté de la nourriture pendant les bonnes années pour que ton peuple ne manque de rien pendant les années de famine.»

Le roi fut très heureux d'avoir eu l'explication de son rêve. Il comprit que Joseph était un homme de Dieu: personne ne saurait mieux que lui organiser le stockage des récoltes. Le roi passa donc sa bague au doigt de Joseph, il lui mit aussi une chaîne d'or autour du cou et lui donna la deuxième place dans le royaume.

Sept ans plus tard, comme Joseph l'avait prédit, les

récoltes devinrent très mauvaises, et, dans bien des pays, il n'y avait plus rien à manger. En Egypte, par contre, Joseph fit ouvrir les greniers à blé et le peuple put acheter à manger.

Au pays de Canaan, le père et les frères de Joseph manquaient déjà de blé pour faire du pain. Jacob décida alors d'envoyer tous ses fils en Egypte, à l'exception de Benjamin.

Les dix fils de Jacob se présentèrent donc devant le

gouverneur pour lui demander la permission d'acheter du blé; mais aucun d'entre eux ne reconnut en lui le frère disparu depuis si longtemps! Joseph, lui, les reconnut tout de suite et voulut savoir s'ils étaient toujours aussi cruels qu'avant. Il les regarda donc d'un air sévère et leur dit:

«Vous êtes des espions!»

Et là-dessus il les fit jeter en prison. Trois jours plus tard, il les fit relâcher contre leur promesse d'emmener Benjamin avec eux lorsqu'ils reviendraient. Et il garda Siméon en otage jusqu'à leur retour. Puis il ordonna à ses serviteurs de remettre dans les sacs de ses frères l'argent avec lequel ils avaient acheté le blé.

Quand les frères ouvrirent leurs sacs et trouvèrent l'argent, ils furent très inquiets et c'est avec tristesse qu'ils retournèrent au pays de Canaan avec leur blé. Ils savaient qu'il leur faudrait ramener Benjamin avec eux lors de leur prochain voyage... Mais comment allaient-ils convaincre Jacob de se séparer de son plus jeune fils?... Le jour où il ne leur resta plus rien à manger, il fallut bien se décider: ou ils emmenaient Benjamin, ou ils mourraient de faim.

Ils retournèrent donc devant le gouverneur d'Egypte.

«Comment va votre vieux père? leur demanda-t-il. Ah! voilà votre plus jeune frère sans doute?»

Les serviteurs de Joseph préparèrent un repas aux frères de Joseph qui s'assirent pour manger. Benjamin reçut cinq fois plus à manger que les autres. Mais Joseph ne leur disait toujours pas qui il était.

Le lendemain matin, les serviteurs remplirent leurs sacs de blé et Joseph leur ordonna de cacher sa coupe d'argent dans le sac de Benjamin.

Les frères de Joseph repartirent, mais ils n'étaient pas encore très loin quand les serviteurs de Joseph les rattrapèrent. Ils cherchaient le «voleur» qui avait pris la coupe de Joseph. Ils fouillèrent tous les sacs et quand ils arrivèrent à celui de Benjamin... ils découvrirent la coupe manquante! Tous les frères étaient effondrés!

Ils retournèrent vers la ville et se jetèrent aux pieds de Joseph. Celui-ci, voulant les mettre à l'épreuve, leur dit: «Celui qui avait le sac où a été trouvée la coupe sera mon esclave, les autres peuvent rentrer chez eux.»

Mais les frères ne voulurent rien savoir: ils ne se sentaient pas le courage d'aller annoncer à leur père que ce fils-là aussi lui avait été enlevé.

Juda dit alors: «Si Benjamin ne revient pas avec nous, notre père en mourra de chagrin. Je lui ai promis de ramener cet enfant sain et sauf. Permets-moi d'être ton esclave à sa place.»

En entendant ces paroles, Joseph comprit que ses

frères regrettaient vraiment le mal qu'ils lui avaient fait
tant d'années auparavant. Après avoir fait sortir ses
serviteurs de la pièce, il fondit en larmes.

« Je suis Joseph, leur dit-il. Est-ce que mon père est
toujours vivant? »

Ses frères furent épouvantés: Joseph pouvait
maintenant se venger. Qu'allait-il leur faire?

Mais Joseph continua: « N'ayez pas peur. C'est Dieu
lui-même qui m'a envoyé ici pour que vous ayez la vie
sauve. Retournez à la maison et allez chercher tout le
reste de la famille: vous vous installerez tous près de moi
dans le pays de Goshen. »

Puis il les serra tous très fort dans ses bras en

pleurant à chaudes larmes.

Et c'est ainsi que Jacob et les frères de Joseph quittèrent Canaan avec leurs femmes, leurs enfants, leurs serviteurs et leurs troupeaux, pour venir en Egypte. Puis ils s'installèrent tous dans le pays de Goshen qui était la meilleure région du pays.

Moïse entend l'appel de Dieu

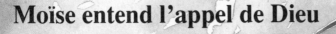

   Le temps passa et les descendants de Jacob – les
   Israélites – devinrent un peuple fort et puissant...
Aussi, les Egyptiens commencèrent à les craindre. Un
nouveau roi monta sur le trône, et ce roi décida d'agir
avant qu'il ne soit trop tard: il réduisit les Israélites
à l'esclavage. De cruels surveillants les obligeaient à
fabriquer des briques qui servaient à bâtir de nouvelles
villes pour le roi. Ils travaillaient d'arrache-pied du matin
au soir, mais, malgré tout ce qu'on leur faisait subir, ils
devenaient de plus en plus nombreux. Voyant cela, le roi
d'Egypte ordonna de noyer dans le Nil, dès leur
naissance, tous les petits garçons israélites.

   A cette époque-là, une femme israélite mit au
monde un bébé. Elle avait déjà deux enfants, un garçon:
Aaron, et une fille: Miryam. Lorsqu'elle vit que son bébé
était un garçon, elle eut très peur.

   Elle eut alors une idée. Elle fabriqua avec des joncs
un panier qu'elle recouvrit de bitume pour le rendre

imperméable, puis elle y coucha le bébé. Elle posa ensuite le panier au milieu des grands roseaux qui bordent la rive du fleuve, et chargea Miryam de le surveiller.

Peu de temps après, la fille du roi vint à la rivière pour se baigner: c'était ce qu'espérait la maman du bébé! Lorsque la princesse vit le panier, elle envoya une servante le chercher. Elles soulevèrent le couvercle et découvrirent le plus mignon des bébés! La princesse décida de l'élever comme son propre fils et l'appela Moïse.

La princesse aperçut alors à côté d'elle une petite fille qui lui proposa d'aller chercher une nourrice pour le bébé, et, bien sûr, la nourrice que Miryam courut chercher ne fut autre que la vraie maman du bébé!

Moïse grandit donc au palais royal et apprit tout ce que les Egyptiens purent lui enseigner. Mais il n'oublia jamais qu'il était Israélite. Il souffrait de voir avec quelle cruauté les surveillants égyptiens traitaient son peuple.

Un jour, il vit un Egyptien fouetter un Israélite; il se précipita aussitôt sur l'homme et le tua. Sa vie était désormais en danger, car le roi apprendrait tôt ou tard ce qui s'était passé. Moïse s'enfuit donc d'Egypte et se réfugia dans le désert.

Il y vécut longtemps, travaillant comme berger au pays de Madiân. En Egypte, les Israélites étaient de plus en plus malheureux.

Un jour, Moïse vit quelque chose de très étrange: devant lui, se trouvait un buisson qui avait l'air d'être en feu, mais qui ne se consumait pas.

Moïse allait s'avancer pour voir cela de plus près, quand il entendit une voix qui disait:

«N'approche pas! et enlève tes chaussures, car l'endroit où tu es est sacré.»

Moïse eut très peur mais la voix reprit:

«Je suis Dieu, le Dieu que tes pères connaissaient et adoraient. J'ai vu les terribles souffrances de mon peuple: les Israélites. Je veux que tu ailles trouver le roi d'Egypte et que tu libères mon peuple; ensuite tu le conduiras jusqu'ici.»

«Mais qu'est-ce que je vais leur dire? Ils refuseront de m'écouter, s'écria Moïse. S'il te plaît, envoie quelqu'un d'autre à ma place.»

Mais Dieu reprit: «Non, c'est toi que j'ai choisi. Prends avec toi ton frère Aaron; il parlera à ta place puisque tu as du mal à parler, mais c'est moi qui te dirai ce que tu as à dire et qui te donnerai le pouvoir de faire des prodiges.»

Le refus de Pharaon

Moïse alla chercher Aaron et ils partirent tous deux trouver Pharaon, le roi d'Egypte. Ils lui dirent:

«Nous avons quelque chose à te demander: le Seigneur, le Dieu d'Israël, veut que tu laisses partir son peuple dans le désert pour qu'il y célèbre une grande fête.»

«Je ne connais pas votre Dieu, leur répondit le roi, il n'est rien pour moi et je ne laisserai pas partir les Israélites.»

Les paroles de Moïse rendirent le Pharaon furieux, aussi ajouta-t-il:

«A partir d'aujourd'hui, j'interdis qu'on donne aux Israélites la paille qu'ils mélangent à l'argile pour faire leurs briques. Ils n'ont qu'à la chercher eux-mêmes. Et pas question qu'ils fassent moins de briques qu'avant!»

La situation devenait catastrophique! Désespéré, Moïse demanda à Dieu de l'aider; Dieu lui répondit:

«Tu vas voir ce qui va arriver au roi d'Egypte. Je suis Dieu. J'obligerai Pharaon à laisser partir mon

peuple. Je le délivrerai et tu le guideras hors d'Egypte. Retourne chez le roi. Dis-lui que je vais faire venir de grands malheurs sur l'Egypte s'il n'obéit pas à mes ordres: toute l'Egypte saura alors que je suis vraiment Dieu.»

Moïse et Aaron retournèrent donc chez le roi et, après les avoir écoutés, celui-ci leur dit:

«Si vous venez vraiment de la part de Dieu, faites un miracle.»

Alors Aaron jeta son bâton par terre et le bâton se transforma en serpent. Mais les magiciens égyptiens réussirent à en faire autant, et le roi renvoya Moïse et Aaron.

Dieu passa donc à l'action, comme il l'avait annoncé. Il commença à se produire des choses effroyables dans le pays.

Un jour, l'eau du Nil prit une couleur rouge sang. Il s'en dégageait une odeur horrible et tous les poissons du fleuve moururent.

Une semaine plus tard, le pays tout entier grouillait de grenouilles. Le roi supplia Moïse de les faire disparaître, mais il refusa quand même de laisser partir les Israélites.

Des nuées d'insectes et de mouches envahirent ensuite toute l'Egypte – sauf Goshen, où habitait le peuple de Dieu.

«Partez!» s'écria Pharaon, mais il se ravisa bien vite.

Puis le bétail commença à mourir partout – sauf à Goshen: le roi refusait toujours de laisser partir les Israélites..

Alors tous les gens attrapèrent des furoncles très douloureux – même les magiciens: le roi refusait toujours.

Moïse et Aaron retournèrent le voir une fois de plus et lui dirent:

«Ecoute ce que Dieu te dit: Tu as vu ma puissance. Mais tout ceci n'est rien à côté de ce que tu vas subir si tu ne laisses pas partir les Israélites. Demain, il y aura de la grêle!»

La grêle détruisit les récoltes et tua les troupeaux

qui broutaient dans les champs. Elle tomba partout... sauf au pays de Goshen!

Une multitude de sauterelles vint encore dévorer toute la végétation. Puis le soleil ne se leva pas pendant trois jours. Pourtant le roi continuait à tenir tête à Dieu et refusait toujours de laisser partir le peuple d'Israël.

Les Egyptiens connurent enfin la pire des épreuves: en une seule nuit, les fils aînés de toutes les familles d'Egypte moururent, depuis le prince-héritier, jusqu'au fils du plus misérable esclave. Mais il n'arriva rien aux Israélites de Goshen, car Dieu leur avait donné ses instructions: cette nuit-là, chaque famille israélite dut tuer un agneau, en répandre le sang sur les montants des portes de sa maison, puis manger l'agneau rôti avec des herbes, et des galettes de pain cuit sans levain. La mort épargna leurs maisons. (Voilà pourquoi, depuis ce jour-là, une fois par an, les Israélites mangent ce repas qu'on appelle «repas de la Pâque» pour se rappeler comment Dieu les a sauvés.)

Le lendemain, les Egyptiens n'avaient plus qu'un désir: se débarrasser des Israélites au plus vite! Ils leur offrirent même des bijoux d'or et d'argent ainsi que de magnifiques vêtements pour hâter leur départ. Le roi essaya pourtant une dernière fois de les retenir; les soldats égyptiens, montés sur leurs chars rapides et légers, se lancèrent à la poursuite des Israélites.

Ceux-ci avaient déjà atteint la région de lacs et de marécages qui s'étend le long de la frontière égyptienne, lorsque l'armée du roi surgit: devant eux, l'eau, et derrière eux, l'armée égyptienne. La panique gagna les rangs des Israélites.

Mais Moïse étendit son bras et Dieu fit souffler toute la nuit un vent d'est: les eaux se retirèrent et les Israélites purent traverser en toute sécurité. Les Egyptiens tentèrent bien de les suivre, mais l'eau reflua subitement et noya toute l'armée du roi.

C'est ainsi que Dieu sauva son peuple et le libéra en le faisant sortir d'Egypte.

La manne du désert

Une fois sorti d'Egypte, fini l'esclavage! Miryam, la sœur d'Aaron, prit alors son tambourin et toutes les femmes se mirent à danser et à chanter de joie.

«Chantez en l'honneur du Seigneur! Il a remporté une grande victoire! Il a jeté dans la mer les chevaux et leurs cavaliers!»

Mais les Israélites ne tardèrent pas à oublier le dur

esclavage qu'ils avaient connu en Egypte et la cruauté de ceux qui les fouettaient impitoyablement. La seule chose dont ils se souvenaient, c'était la nourriture qu'ils avaient en Egypte! Mais dans ce désert, qu'allaient-ils manger? Ils commencèrent donc à se plaindre et à se rebeller contre Moïse et Aaron.

«Il aurait mieux valu que nous mourrions en Egypte, que de mourir de faim dans le désert!» se lamentaient-ils! Dieu entendit ces plaintes et dit à Moïse:

«Tu diras au peuple que je lui donnerai tout ce dont il a besoin. Je lui ai sauvé la vie: je lui donnerai aussi à manger. Ce soir, ils auront de la viande, et chaque matin, à partir de demain, je leur donnerai un pain d'un nouveau genre.»

Moïse rapporta au peuple ce que Dieu lui avait dit et ce même jour, à la nuit tombante, un nuage d'oiseaux – des cailles – se posa autour des tentes! Le peuple eut donc la viande qu'il avait réclamée.

Le lendemain matin, lorsque le soleil eut fait disparaître la rosée, les Israélites trouvèrent tout autour du camp le pain promis par Dieu: ce pain étrange

ressemblait à du givre. Ils se dépêchèrent de le ramasser de peur qu'il ne fonde au soleil. Cette «manne», comme ils l'appelèrent, était exquise et avait le goût d'un gâteau de miel.

Dieu leur en donna chaque jour pendant tout le temps qu'ils passèrent dans le désert.

Mais d'autres difficultés surgirent dans le désert. Le soleil était brûlant et les puits étaient rares. Le peuple recommença donc à se lamenter:

«Moïse, donne-nous à boire! Est-ce que tu nous as conduits jusqu'ici pour nous laisser mourir de soif?»

Une fois de plus, Moïse supplia Dieu de l'aider, et Dieu lui dit:

«Frappe le rocher avec ton bâton: il en sortira de l'eau, et chacun pourra boire autant qu'il voudra.» Ce que Dieu avait dit arriva: l'eau jaillit du rocher. Le peuple était bien coupable d'avoir douté de Dieu, mais Dieu lui resta fidèle et ne l'abandonna pas. Pendant quarante ans, Dieu prit soin de son peuple dans le désert.

Les dix lois de Dieu

Moïse conduisit le peuple d'Israël à travers le désert jusqu'au mont Sinaï: c'était en effet là que Dieu lui avait dit d'amener le peuple. Arrivés au Sinaï, ils campèrent au pied de la montagne.

Dieu parla alors à son peuple par l'intermédiaire de Moïse:

«Je vous ai fait sortir d'Egypte sains et saufs. Je veux que vous soyez mon peuple. Etes-vous prêts à m'obéir?»

«Oui!» s'écrièrent-ils d'une seule voix. Puis ils lavèrent leurs vêtements et nettoyèrent le camp pour être prêts à rencontrer Dieu qui leur dit encore:

«Après demain, je descendrai sur le mont Sinaï, et vous me verrez tous.»

Le jour venu, le tonnerre roula sur la montagne qu'entouraient de lourds nuages sombres, les éclairs illuminèrent le ciel et tous se mirent à trembler car ils sentaient que Dieu s'approchait d'eux.

Moïse et Aaron montèrent seuls sur la montagne et Dieu leur donna les dix grandes lois auxquelles son peuple devait désormais obéir.

48

«Je suis Dieu, dit-il à son peuple. C'est moi et moi seul que tu honoreras et que tu serviras.

Tu ne fabriqueras pas d'idoles et tu ne t'agenouilleras pas devant elles pour les adorer.

Tu auras du respect pour mon nom.

Le septième jour, tu te reposeras car ce sera mon jour.

Tu auras du respect pour ton père et ta mère et tu leur obéiras.

Tu ne tueras pas un autre être humain.

Vous, qui êtes mariés, vous resterez fidèles l'un à l'autre et vous ne vous quitterez pas pour vivre avec un autre homme ou une autre femme.

Tu ne voleras pas.

Tu ne mentiras pas.

Tu ne seras pas jaloux de ce que possèdent les autres.»

Tels étaient les dix commandements de Dieu.

Moïse expliqua ensuite au peuple comment appliquer ces lois dans telle ou telle situation, et tout le peuple fut bien d'accord pour obéir à toutes ces lois. Dieu dit de les graver sur des tablettes de pierre pour que le peuple puisse les conserver. Lorsque Moïse monta sur la montagne pour écrire la Loi de Dieu, il y resta si longtemps que le peuple commença à perdre patience et à se fâcher.

«Qui sait ce qui est arrivé à ce Moïse qui nous a conduits hors d'Egypte! dirent-ils à Aaron. Donne-nous un autre dieu qui nous guidera.»

Alors Aaron demanda au peuple de lui apporter les boucles d'oreille en or qu'il possédait et il les fit fondre pour fabriquer un veau d'or qui ressemblait à un des dieux égyptiens. Il construisit un autel et organisa une fête. Alors le peuple s'écria:

«Voilà le dieu qui nous a fait sortir d'Egypte!» Et ils se mirent à danser et à chanter en criant comme des fous.

Lorsque Dieu vit la rapidité avec laquelle le peuple avait oublié sa promesse et s'était tourné vers d'autres dieux, il se mit en colère. Dès que Moïse descendit de la montagne et vit ce que le peuple avait fait, lui aussi se mit en colère.

Il jeta par terre les tablettes de pierre sur lesquelles étaient écrites les lois, et elles se brisèrent. Puis il réduisit le veau d'or en poussière et leur dit:

«Comment avez-vous pu faire une chose pareille?»

Malgré cela Moïse aimait toujours son peuple, aussi demanda-t-il à Dieu de lui pardonner et de lui donner une occasion de se racheter.

Dieu accepta et ses lois furent à nouveau inscrites sur de nouvelles tablettes. Dieu pouvait enfin faire un pacte – qu'on appelle une alliance – avec son peuple.

La tente de Dieu

Au Sinaï, Dieu avait donné à Moïse un grand nombre de lois destinées à son peuple: des lois sur le bien et le mal, des lois concernant les punitions. Par ses commandements, Dieu montrait à ses enfants comment ils devaient se conduire, comment ils devaient agir les uns envers les autres et comment ils devaient l'honorer et le servir.

Or à cette époque-là, il y avait beaucoup de choses mauvaises dans la religion des peuples qui vivaient dans le voisinage des Israélites: en effet, ces gens-là adoraient beaucoup de dieux, et profitaient des fêtes religieuses pour s'enivrer pendant plusieurs jours; ils maltraitaient leurs femmes et pratiquaient la magie. Ils allaient même jusqu'à tuer leurs propres enfants pour les offrir en sacrifice à des idoles. Dieu haïssait tout cela. Aussi déclara-t-il:

«Ces nations me font horreur avec leurs coutumes affreuses! Vous ne les imiterez pas. Vous vous attacherez à moi et c'est à moi seul que vous appartiendrez.» Dieu expliqua à Moïse quel genre de fêtes, de sacrifices et de

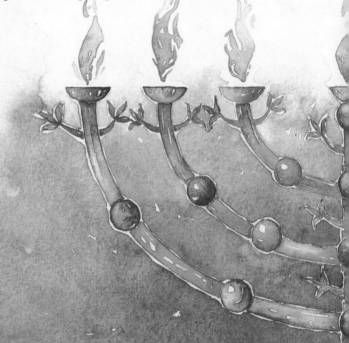

culte il voulait, et Moïse l'expliqua à son tour au peuple.

«Je vous ai promis d'être toujours avec vous, leur dit Dieu, faites-moi donc une tente, dans le genre des vôtres, une tente qui me sera réservée et qu'on appellera tabernacle. Je la veux en peau de chèvre, bordée de fin lin écarlate, violet et bleu, et vous y broderez des créatures ailées. Vous aménagerez une cour tout autour de la tente: c'est là que se feront les sacrifices. L'intérieur de la tente sera divisé en deux parties par des rideaux. Seuls les prêtres qui offrent les sacrifices auront le droit de pénétrer dans la première salle qui contiendra un autel en or, une table et un chandelier à sept branches.

La deuxième salle, celle qui est au fond, me sera réservée. Le grand-prêtre ne pourra y pénétrer qu'une seule fois par an, le Jour du Grand Pardon, afin d'obtenir mon pardon pour les péchés du peuple. Vous fabriquerez aussi un coffre en bois d'acacia recouvert d'or – l'arche de l'alliance – que vous placerez dans la salle qui m'est réservée. Il contiendra les tablettes sur lesquelles sont écrites mes lois. Il aura un couvercle d'or pur, et sur le couvercle, vous placerez deux créatures en or qui couvriront le coffre de leurs ailes déployées.

C'est là que je vous rencontrerai.»

Le peuple fit exactement ce que Dieu lui avait dit de faire. Il donna joyeusement son or, ses bijoux, ses objets

de bronze, ses étoffes de lin et ses peaux d'animaux pour faire la tente de Dieu. Il apporta l'huile pour les lampes et les aromates qui allaient brûler comme l'encens pour parfumer l'air. Les meilleurs artistes et artisans se mirent au travail: ils filaient, tissaient et teignaient la laine, ils taillaient, polissaient et gravaient les pierres précieuses. Ils martelaient et ciselaient l'or et l'argent. La tente de Dieu fut donc un chef d'œuvre!

Le jour où elle fut achevée, une nuée recouvrit la tente et la gloire de Dieu la remplit. Dieu montrait ainsi aux Israélites qu'il était toujours présent parmi eux.

Le premier grand-prêtre que Dieu choisit fut Aaron: il devait s'occuper de toutes les fêtes et des sacrifices. Ses fils étaient prêtres eux aussi, et les Lévites – les descendants de Lévi, un des fils de Jacob – les aidaient.

Moïse expliqua aux Israélites qu'ils ne pouvaient pas s'approcher de Dieu tels qu'ils étaient, même si Dieu était parmi eux et voulait qu'ils soient ses amis.

Mais Dieu accepta que l'on tue un agneau ou un chevreau à la place de l'homme ou de la femme qui avait fait le mal. Dieu donnait donc à son peuple la possibilité

de revenir à lui en ami.

Aaron, les prêtres et les Lévites furent chargés des sacrifices – sacrifices pour le péché, pour la culpabilité et pour la paix. Une fois par an, le Jour du Grand Pardon, Aaron offrait des sacrifices spéciaux pour le péché de tout le peuple.

Dieu avait aussi recommandé à son peuple de consacrer chaque samedi, le septième jour de la semaine, au repos; c'était le sabbat. Dieu avait créé le monde en six jours et s'était reposé le septième, et il voulait que son peuple s'arrête lui aussi de travailler le septième jour de la semaine, pour se reposer et se souvenir de la bonté de Dieu.

Dieu avait également décidé qu'il y aurait des fêtes pour célébrer des événements et des moments particuliers de l'année. Au printemps, il y avait la fête des Pains sans Levain: c'était pour le peuple l'occasion de se souvenir de sa sortie d'Egypte. Au début de l'été, il y avait la fête des Prémices de la moisson, et en automne la fête des Récoltes, la fête des Trompettes et la fête des Tabernacles.

Lorsque les Israélites regardaient la tente de Dieu, ils se souvenaient que Dieu était là, tout près d'eux. Lorsqu'ils se reposaient, pendant le sabbat, ils se rappelaient que c'était Dieu qui avait créé le monde et tout ce qu'il contient. Lorsqu'ils prenaient le repas des jours de fête, ils se réjouissaient de la grande bonté de Dieu envers eux. Et lorsqu'ils offraient des sacrifices, ils tremblaient en pensant à leurs fautes et à la perfection de Dieu, mais ils étaient aussi tout joyeux en songeant à son amour qui les accueillait et qui faisait d'eux des amis de Dieu.

La rébellion!

Du mont Sinaï – où Dieu leur avait donné ses lois –
les Israélites se dirigèrent ensuite à travers le désert, vers
le nord, vers la frontière de Canaan – le pays que Dieu
avait promis de leur donner.

Ils choisirent alors dans chacune des douze tribus
(constituées par les descendants des douze fils de Jacob)
un homme pour aller explorer le pays. C'était l'époque
de l'année où les premiers raisins mûrissaient.

Ces hommes revinrent au bout de quarante jours, et
deux d'entre eux portaient une énorme grappe de raisins.

«Canaan est un pays extraordinaire, dirent-ils.
Seulement voilà: les villes sont fortifiées, et nous avons
vu des hommes grands comme des géants. Si nous
traversons la frontière, ils nous écraseront comme des
puces!»

En entendant cela, le peuple fut complètement
démoralisé.

«Pourquoi avons-nous quitté l'Egypte?
s'écrièrent-ils. Il vaut mieux faire demi-tour!»

Mais deux des espions, Josué et Caleb, prirent alors
la parole:

«Ne vous laissez pas abattre par ce que nos
camarades vous ont dit: Canaan est un pays superbe... et
puis, pensez à Dieu! Qu'avons-nous à craindre s'il est
avec nous? Il nous livrera ce pays. Ne vous rebellez pas
contre lui!»

Mais le peuple ne voulut rien savoir. Alors Dieu leur dit:

«Apprendrez-vous un jour à me faire confiance? Puisque vous avez refusé de me faire confiance, vous allez errer pendant quarante ans dans le désert, jusqu'à ce que tous ceux qui ont vu les miracles que j'ai faits en Égypte soient morts. Oui, tous! sauf Josué et Caleb, parce qu'ils m'ont fait confiance.»

Le peuple fut triste en entendant ces paroles. Quelques-uns refusèrent même de prendre au sérieux ce que Dieu avait dit et allèrent combattre les Cananéens sans son ordre; ils furent battus à plate couture!

Les années passèrent et le peuple supportait de plus en plus mal la vie dans le désert. Il ne cessait de murmurer et de se rebeller contre ses chefs. La révolte finit par éclater dans le camp. Certains n'hésitèrent pas à demander:

«De quel droit Moïse et Aaron nous dirigent-ils?»

Moïse leur répondit alors:

«Laissons Dieu décider qui doit diriger le peuple. Chaque tribu choisira un chef et écrira son nom sur une branche d'amandier. Aaron sera le chef de sa propre tribu, les Lévites.»

«Cette nuit, nous mettrons les douze branches d'amandier dans la tente de Dieu et l'homme dont la branche aura fleuri sera le Chef que Dieu aura choisi.»

Ils firent ce que Moïse avait dit et le lendemain matin, la branche d'Aaron était couverte de bourgeons, de fleurs et même d'amandes mûres. Toutes les autres branches étaient restées dénudées.

Après cela, les rebelles n'eurent plus qu'à se taire!

Mais Aaron mourut quelques années plus tard et les murmures recommencèrent.

«Pourquoi avons-nous quitté l'Egypte? Il n'y a rien à manger et à boire ici! Nous en avons plus qu'assez de manger chaque jour de la manne!»

Cette fois-ci, Dieu punit ceux qui s'étaient rebellés. Des serpents venimeux envahirent le camp et beaucoup de gens moururent. Le reste du peuple dit à Moïse:

«Nous regrettons d'avoir dit du mal de Dieu. Peux-tu lui demander de chasser ces serpents?»

Moïse pria et Dieu lui répondit:

«Fais un serpent en airain et fixe-le sur un poteau pour que tout le monde puisse le voir. Ceux qui ont été mordus par les serpents n'auront qu'à regarder ce serpent d'airain et ils guériront.»

Rahab et les espions

Quarante années se passèrent ainsi dans le désert. Moïse mourut, et Dieu choisit Josué pour le remplacer. Le moment était venu de conquérir le pays de Canaan, la Terre Promise. Les Israélites avaient établi leur camp sur la rive gauche du Jourdain, face à la ville de Jéricho, et Josué envoya deux espions de l'autre côté de la rivière.

Pour éviter d'éveiller les soupçons, ceux-ci passèrent la nuit dans la maison d'une femme nommée Rahab. Mais le roi de Jéricho l'apprit et il envoya ses soldats pour les arrêter. Rahab fit monter à la hâte les espions sur le toit de sa maison et les cacha sous le lin qui était en train d'y sécher.

Puis elle alla dire aux espions:

«Je sais que Dieu a donné ce pays aux Israélites.

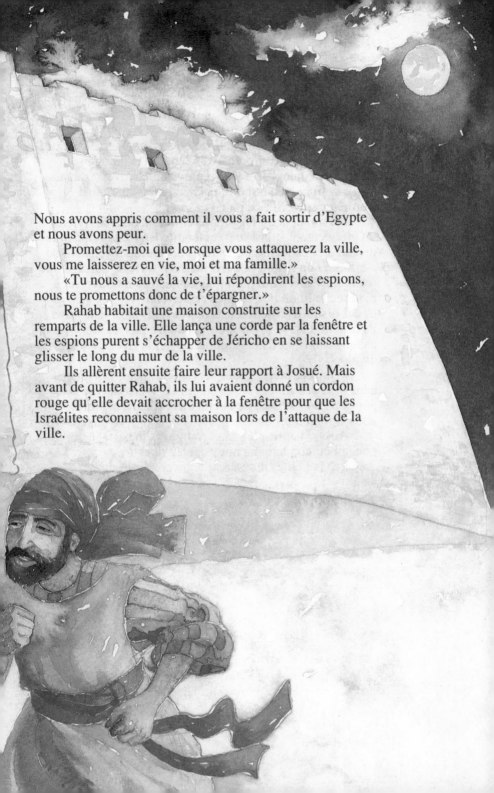

Nous avons appris comment il vous a fait sortir d'Egypte et nous avons peur.

Promettez-moi que lorsque vous attaquerez la ville, vous me laisserez en vie, moi et ma famille.»

«Tu nous a sauvé la vie, lui répondirent les espions, nous te promettons donc de t'épargner.»

Rahab habitait une maison construite sur les remparts de la ville. Elle lança une corde par la fenêtre et les espions purent s'échapper de Jéricho en se laissant glisser le long du mur de la ville.

Ils allèrent ensuite faire leur rapport à Josué. Mais avant de quitter Rahab, ils lui avaient donné un cordon rouge qu'elle devait accrocher à la fenêtre pour que les Israélites reconnaissent sa maison lors de l'attaque de la ville.

La ville fortifiée de Jéricho

C'était le printemps, la neige des montagnes du nord avait fondu et le Jourdain avait débordé et inondé ses rives. Le peuple d'Israël se préparait à le traverser, mais il n'y avait ni gué, ni pont, et Dieu leur avait donné l'ordre de traverser ce jour-là.

Au moment où les prêtres entrèrent dans la rivière, un grondement sourd se fit entendre dans le lointain et le niveau de l'eau baissa. Les rives du Jourdain venaient de s'affaisser en amont pour former une sorte de barrage qui retenait l'eau, ce qui permit aux Israélites de traverser à pied sec le lit du fleuve, près de Jéricho.

Lorsqu'ils furent tous sains et saufs sur l'autre rive, ils prirent dans le lit du Jourdain douze pierres – une pour chaque tribu – et ils les empilèrent sur la rive. Dieu leur dit alors:

«Que ces pierres vous servent de signe! Lorsque, dans bien des années, vous enfants les verront, vous pourrez leur raconter de quelle merveilleuse façon je vous ai fait entrer dans ce pays.»

Aussitôt après, les eaux rompirent le barrage qui les retenait et inondèrent à nouveau les rives.

Les Israélites dressèrent leur camp près de Jéricho.

C'est là qu'ils célébrèrent la fête de la Pâque, et, le lendemain, ils firent du pain: pour la première fois, ils firent cuire du blé qui avait poussé à Canaan, le pays promis. A partir de ce jour-là, il n'y eut plus de manne, car la traversée du désert était terminée et ils pouvaient désormais manger de tout ce qui poussait dans le pays.

La ville de Jéricho avait une longue histoire. Elle était entourée d'une très haute muraille de plusieurs mètres d'épaisseur et ses portes avaient été verrouillées et barricadées par peur des Israélites. Personne ne pouvait plus ni entrer, ni sortir de la ville.

Dieu s'adressa à Josué;

«Jéricho est à vous. Je vous livrerai la ville, son roi et ses guerriers: voilà ce que vous devrez faire: six jours de suite, vous ferez une fois le tour de la ville. Sept prêtres marcheront en avant en jouant de la trompette, ils seront suivis des hommes qui portent le coffre contenant mes lois; le reste du peuple suivra en silence. Le septième jour, vous ferez sept fois le tour de la ville et quand le peuple entendra le son de la trompette, il devra crier de toutes ses forces. A ce moment-là, les murailles de la ville s'écrouleront et Jéricho sera à vous.»

Josué répéta au peuple les ordres de Dieu et tout le peuple fit exactement ce que Dieu avait dit.

Le septième jour, ils firent sept fois le tour de la ville, et quand les trompettes retentirent, Josué dit au peuple:

«Criez! Dieu nous a donné la ville!»

Ils poussèrent donc de grands cris et les murailles s'écroulèrent. Ils tuèrent tous les habitants de Jéricho sauf Rahab et sa famille, comme les espions l'avaient promis. Ils prirent ensuite l'argent, l'or, le bronze et le fer qu'ils trouvèrent dans Jéricho et ajoutèrent tout cela aux trésors de la tente de Dieu. Puis ils mirent le feu à la ville.

C'est ainsi que Dieu permit au peuple d'Israël de remporter sa première grande victoire en Canaan. Le renom de Josué s'étendit au loin, et tous les autres peuples se mirent à le craindre.

Israël dans le pays promis

Dieu avait ordonné à son peuple de détruire Jéricho et de ne rien garder pour lui. Mais un homme nommé Akân désobéit à l'ordre de Dieu: il vola un splendide manteau, de l'or et de l'argent. Lorsque les Israélites attaquèrent la forteresse d'Aï, ils furent battus.

Akân fut alors puni, et Josué prépara une nouvelle attaque contre la ville d'Aï. Cette fois, Dieu lui dit de prendre la ville par surprise.

Josué conçut un plan très astucieux. Dans la nuit, il envoya quelques-uns de ses meilleurs soldats se cacher de l'autre côté de la ville. Le lendemain matin il mena son armée devant les portes d'Aï et quand les soldats d'Aï sortirent de leur forteresse pour les combattre, Josué ordonna à ses troupes de battre en retraite et de s'enfuir en entraînant derrière eux les soldats ennemis loin de la ville.

Puis Josué envoya un signal aux hommes qui s'étaient cachés: ceux-ci entrèrent alors dans la ville sans rencontrer la moindre résistance et ils y mirent le feu. Dès que Josué vit la fumée qui s'élevait de la ville, il dit à son armée de faire demi-tour: les soldats d'Aï se trouvaient pris au piège!

Les habitants de Gabaon, une ville voisine, apprirent comment Josué avait détruit Jéricho et écrasé Aï. Ils ne

voulaient sûrement pas mourir. Mais comment convaincre Josué de faire la paix avec eux?

Un jour, Josué vit s'approcher de son camp un groupe de voyageurs épuisés: leurs vêtements étaient en lambeaux et leurs sandales complètement usées.

«Qui êtes-vous? leur demanda Josué. Et d'où venez-vous?»

«Nous venons de très loin, lui répondirent-ils. Nous avons appris comment Dieu vous a fait sortir d'Egypte et nous sommes venus pour faire la paix avec vous. Regarde: notre pain est tout moisi et pourtant quand nous nous sommes mis en route, il était encore chaud, nos vêtements eux-mêmes sont usés tellement le voyage a été long.»

Josué et son peuple conclurent un traité d'amitié avec ces hommes et promirent de le respecter.

Trois jours plus tard, les Israélites découvrirent que ces «voyageurs épuisés» venaient de Gabaon, une ville toute proche! Ils furent très fâchés d'avoir été trompés, mais ils ne pouvaient pas les attaquer.

Josué mena avec ses soldats deux campagnes militaires très dures, l'une dans le Sud, l'autre dans le Nord. Ils remportèrent de grandes victoires. Petit à petit, les Israélites conquirent Canaan, le pays promis. Mais ils ne réussirent pas à en chasser tous les peuples qui leur étaient hostiles.

Caleb avait autrefois accompli, pour Moïse, une mission d'espionnage en Canaan; il l'avait accomplie en compagnie de Josué et de dix autres hommes.

«Donne-moi cette région montagneuse où habitent les géants, dit-il à Josué. Avec l'aide de Dieu, je les chasserai.» Josué lui donna donc la ville d'Hébron. Et Caleb réussit à en chasser les géants!

Josué partagea ensuite le pays de Canaan entre les tribus d'Israël et chaque tribu posséda son territoire propre. Les Israélites commencèrent alors à s'installer et à cultiver la terre.

Quand Josué fut très vieux, il rassembla tout le peuple et lui dit:

«Dieu nous a donné toutes les bonnes choses qu'il nous avait promises. Il a tenu toutes ses promesses. Et vous, promettez-vous de tenir votre engagement envers lui? Promettez-vous de le servir?»

«Oui, nous servirons le Seigneur. Il est notre Dieu», répondit le peuple.

Et tant que Josué vécut, le peuple tint sa promesse.

Les trois cents hommes de Gédéon

Les années passèrent. Josué mourut et très vite le peuple d'Israël oublia tout ce que Dieu avait fait pour lui. Il oublia aussi qu'il avait promis de servir Dieu et Dieu seul, et les Israélites se mirent à adorer les dieux des peuples qui les entouraient. C'est alors qu'ils commencèrent à subir les attaques d'ennemis venus du nord, du sud, de l'est et de l'ouest. Chaque fois que, regrettant leur conduite, ils suppliaient Dieu de les aider, Dieu leur envoyait un défenseur – un champion – qui repoussait l'ennemi:

Othniel, Ehud, Schamgar, Débora et Barak, Gédéon...

A l'époque de Gédéon, les difficultés venaient d'une tribu de nomades du désert, les Madianites: aussi nombreux qu'une armée de sauterelles, ces Madianites faisaient des raids montés sur leurs chameaux, ils s'emparaient des moutons, du bétail et des ânes des Israélites; ils ravageaient aussi toutes leurs récoltes.

Le peuple d'Israël supplia Dieu de venir à son secours. Alors Dieu envoya son messager à Gédéon et lui dit:

«Je t'envoie pour que tu délivres Israël des Madianites.»

Gédéon demanda à Dieu des preuves pour être sûr que c'était bien lui que Dieu avait choisi.

«Je vais étendre sur l'herbe une toison de laine, dit-il à Dieu, et si demain matin la laine est couverte de rosée mais que le sol est resté sec, je serai vraiment certain que tu veux que je délivre Israël.»

Le lendemain matin, il y avait assez de rosée sur la toison pour en remplir un bol, une fois celle-ci essorée. Mais le sol était resté sec!

Ce n'était pourtant pas suffisant pour Gédéon qui demanda cette fois que le sol soit mouillé et que la toison reste sèche. Et Dieu lui donna à nouveau la preuve qu'il demandait.

Gédéon rassembla donc les tribus pour la bataille.
Dieu dit à Gédéon:

«Tu as beaucoup trop de soldats! Dis à tous ceux qui
ont peur de rentrer chez eux.»

Vingt-deux mille hommes partirent et dix mille
restèrent!

«Il en reste encore beaucoup trop, dit Dieu. Fais
descendre tes hommes à la rivière, et là tu mettras d'un
côté ceux qui prennent l'eau dans leurs mains et la lapent
comme des chiens, et de l'autre ceux qui se mettent à
genoux pour boire.»

Trois cents hommes seulement puisèrent l'eau avec
leurs mains.

«Renvoie tous les autres chez eux, dit Dieu. Moi, je
vous donnerai la victoire avec trois cents hommes
seulement.»

Cette nuit-là, Gédéon attaqua le camp madianite. Il
divisa ses hommes en trois groupes qui prirent position
autour du camp ennemi. Chaque homme avait une

trompette et une cruche qui contenait une torche.

Soudain, au signal donné par Gédéon, ils se mirent tous à souffler dans leur trompette et à briser leurs cruches.

Le vacarme fut assourdissant et la lumière aveuglante!

«Une épée pour l'Eternel et pour Gédéon!» s'écrièrent-ils.

Morts de frayeur, les soldats ennemis détalèrent à toute allure. Les hommes de Gédéon se lancèrent à leur poursuite, aidés par les tribus israélites voisines.

C'est ainsi que Gédéon écrasa les Madianites et la paix revint dans le pays pour quarante ans.

La force de Samson

Comme d'habitude, le peuple oublia vite Dieu qui les avait si souvent secourus: il se remit à adorer les dieux des pays voisins – les dieux de l'orage, de la pluie, du soleil, de la guerre, etc. – et il ne tarda pas à se trouver dans une bien triste situation: à l'époque, leurs pires ennemis étaient les Philistins: ces Philistins qui habitaient au sud-ouest de Canaan opprimèrent le peuple d'Israël pendant quarante ans.

Un jour, Dieu parla à un homme nommé Manoah et à sa femme, qui habitaient Coréa. Il leur dit:

«Vous allez avoir un fils et, quand il sera grand, votre fils délivrera Israël des Philistins.»

Manoah et sa femme étaient mariés depuis très longtemps et ils n'avaient jamais eu d'enfants. Ils furent très surpris de ce que Dieu leur dit, mais tout arriva comme Dieu l'avait annoncé et ils eurent un petit garçon qu'ils appelèrent Samson. Ils étaient très heureux et, pour montrer que Samson appartenait tout particulièrement à Dieu, ils ne lui coupèrent jamais les cheveux. Samson grandit... et devint très fort.

Un jour, Samson se promenait dans les vignes, quand soudain un lion se jeta sur lui! Quelle horreur! Mais Samson étrangla tout simplement le lion entre ses mains!

A partir de ce jour, il se rendit compte que Dieu lui avait donné une force extraordinaire, et il commença à s'en servir contre les Philistins. Bientôt on ne parla plus

que de lui dans tout le pays.

«Savez-vous comment Samson a réussi à incendier les champs de blé des Philistins? Il a attrapé toute une bande de chacals et leur a attaché des torches enflammées à la queue: vous auriez vu les dégâts qu'ils ont faits dans les champs!»

Ses exploits étaient innombrables!... et les Philistins étaient furieux! Il fallait en finir!

Or, Samson était tombé amoureux d'une très belle Philistine qui s'appelait Dalila: c'était l'occasion rêvée pour ses ennemis!

«Si tu m'aimes vraiment, dis-moi d'où te vient ta force,» lui répétait-elle sans arrêt. (Il faut dire que les rois Philistins lui avaient promis cent pièces d'argent si elle réussissait à découvrir le secret de sa force.) Au début, Samson lui raconta des mensonges:

«Si tu m'attaches avec sept cordes neuves, je perdrai toute ma force...»

«Si tu tisses mes cheveux sur ton métier à tisser...»

«Si... Si... Si...»

Enfin, agacé, il lui avoua la vérité.

«Mes cheveux n'ont jamais été coupés, car j'appartiens à Dieu: c'est lui qui me donne toute ma force.»

Alors Dalila caressa tendrement Samson pour l'endormir, puis elle appela ses amis philistins qui lui rasèrent les cheveux... et Samson perdit toute sa force.

Ils lui crevèrent les yeux, et l'emmenèrent enchaîné dans leur ville de Gaza. Là, ils l'obligèrent à moudre le blé au moulin de la prison.

Au bout d'un certain temps, les cheveux de Samson commencèrent à repousser.

Un jour, les Philistins célébrèrent une fête en l'honneur de leur dieu Dagon et, pour se moquer de Samson, ils le firent venir dans leur temple où une grande foule s'était rassemblée. Samson demanda alors à Dieu de lui rendre ses forces, puis il saisit les deux colonnes qui soutenaient le temple et s'y arc-bouta de toutes ses forces. L'édifice s'écroula, entraînant dans la mort tous ceux qui s'y trouvaient.

Ce fut là le dernier et le plus extraordinaire des exploits de Samson.

Ruth quitte son pays

Une terrible famine s'était abattue sur toute la région de Bethléem, petite ville de la montagne.

«Nous mourrons de faim si nous restons ici, » dit un jour Elimélek à sa femme Noémi. «Emballe tout ce qui peut nous être utile, et demain matin nous partirons avec nos fils pour un long voyage.»

«Où irons-nous?» demanda Noémi.

«Au pays de Moab, de l'autre côté du Jourdain, répondit Elimélek. Là-bas, il y a à manger.»

C'est ainsi qu'Elimélek, Noémi et leurs deux garçons partirent au pays de Moab. Quand ils furent devenus grands, les deux fils épousèrent des Moabites, Orpa et Ruth. Puis, Elimélek mourut et dix ans plus tard les deux fils de Noémi moururent aussi. Noémi resta seule.

Elle apprit qu'il n'y avait plus de famine à Bethléem: elle décida donc de rentrer dans son pays.

«Tu ne vas pas partir toute seule pour un pareil voyage!» dit Ruth; Orpa l'approuva. Elles voulaient quitter leur pays pour accompagner Noémi à Bethléem. En chemin, Noémi essaya de les persuader de retourner chez elles pour se remarier. Noémi insista tellement qu'Orpa se décida à rentrer au pays de Moab. Mais Ruth resta avec elle.

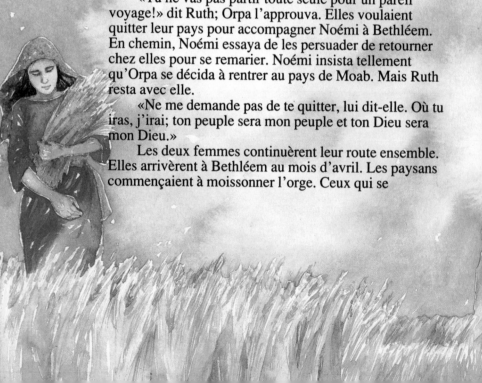

«Ne me demande pas de te quitter, lui dit-elle. Où tu iras, j'irai; ton peuple sera mon peuple et ton Dieu sera mon Dieu.»

Les deux femmes continuèrent leur route ensemble. Elles arrivèrent à Bethléem au mois d'avril. Les paysans commençaient à moissonner l'orge. Ceux qui se souvenaient de Noémi étaient tout contents de la revoir.

Noémi et Ruth étaient très pauvres. Tous les jours, Ruth allait dans les champs: elle marchait derrière les moissonneurs et ramassait les épis qu'ils avaient oubliés. Le soir, elle écrasait le grain pour faire la farine avec laquelle on faisait le pain.

Or, elle ne savait pas que le champ où elle glanait appartenait à un parent de Noémi, un homme riche appelé Booz. Un jour Booz demanda à ses moissonneurs:

«Qui est cette femme?»

«C'est l'étrangère qui est arrivée ici avec Noémi, lui répondirent-ils. Elle est là depuis l'aube et elle n'a pas arrêté de travailler.»

Alors Booz dit à Ruth:

«Reste dans ce champ avec mes moissonneurs. Et si tu as soif, tu peux boire l'eau des cruches qu'ils ont remplies. On m'a raconté que tu as été bonne envers Noémi et que tu as quitté ton pays pour l'accompagner. Que Dieu te récompense!»

Ce soir-là, en rentrant, Ruth raconta à Noémi ce qui était arrivé. Noémi en fut très heureuse. Elle savait que Booz était bon et elle souhaitait que Ruth se remarie.

A cette époque-là, en Israël, lorsqu'un homme

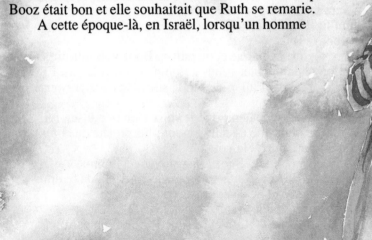

mourait, son plus proche parent prenait soin de sa
famille. Noémi désirait donc que Booz s'occupe d'elles
et épouse Ruth.

Noémi savait que cette nuit-là Booz irait dormir là
où l'on battait le blé – pour qu'on ne le lui vole pas. Elle
dit donc à Ruth d'aller le voir, le soir, sans que personne
le sache.

«Tu diras à Noémi que je veux bien t'épouser, lui
dit Booz. Mais elle a ici un parent plus proche que moi. Il
faut d'abord que je le voie.»

Le lendemain, Booz alla trouver cet homme à
l'entrée de la ville. Or cet homme avait déjà une femme
et des enfants et ne désirait pas épouser Ruth: le
problème était donc réglé.

Booz épousa Ruth et lorsque Ruth eut un petit
garçon, il n'y eut pas de femme plus heureuse à
Bethléem que Noémi.

Anne et son bébé

Dans le village de Rama, situé sur les collines proches de Jérusalem, habitait un homme nommé Elqana. Cet homme avait deux femmes: Peninna – qui avait beaucoup d'enfants – et Anne – qui n'en avait pas. Anne était très malheureuse de ne pas avoir d'enfant et tout l'amour de son mari ne pouvait la consoler.

Chaque année, Elqana allait à Silo – où se trouvait la maison de Dieu – avec sa famille pour adorer Dieu. Ils partageaient ensuite tous ensemble un excellent repas en l'honneur de Dieu. Mais ce jour-là aussi, Peninna, entourée de ses enfants, en profitait pour se moquer d'Anne, qui était seule, et cela rendait Anne plus malheureuse que jamais.

«Si tu me donnes un fils, promit-elle à Dieu, il te servira pendant toute sa vie.»

Mais le sacrificateur Eli, qui observait Anne pendant qu'elle pleurait et parlait à Dieu, crut qu'elle était ivre et il lui parla sévèrement.

«Ne me réprimande pas, supplia-t-elle. Je ne suis pas ivre... mais je suis si malheureuse!» Et elle lui expliqua tout.

Eli lui dit alors:

«Va en paix. Et que Dieu te donne ce fils que tu désires tant.»

Réconfortée, Anne sécha ses larmes et rentra chez elle.

Quelque temps plus tard, Dieu exauça sa prière et il lui donna un joli petit garçon qu'elle appela Samuel.

«Dès qu'il sera assez grand pour faire le voyage, je le conduirai à Silo pour qu'il y serve Dieu pendant toute sa vie, comme je l'ai promis,» déclara Anne.

«Tu te souviens que j'ai prié pour avoir un fils, dit-elle un jour à Eli, le prêtre. Eh bien, le voici: Dieu me l'a donné; maintenant je le lui rends. Peux-tu prendre soin de lui et lui apprendre à servir Dieu?»

La famille d'Elqana retourna à Rama sans Samuel: il était resté avec Eli. Dieu savait à quel point Anne avait du chagrin de se séparer de son petit garçon. Aussi lui donna-t-il encore trois autres fils et deux filles qu'elle put aimer et choyer.

Anne voyait Samuel une fois par an lorsqu'elle allait à Silo. Elle lui apportait des vêtements neufs qu'elle avait faits.

Eli, lui, était maintenant devenu un vieillard. Ses fils allaient bientôt le remplacer dans la maison de Dieu. Mais les fils d'Eli ne ressemblaient pas à leur père. Seul l'argent comptait pour eux et ils n'avaient ni amour, ni respect pour Dieu. Dieu avait averti Eli qu'il ne voulait pas, pour le servir, de prêtres de ce genre.

«Je choisirai un prêtre qui me sera fidèle et qui m'obéira en toutes choses», dit Dieu.

Une nuit, Samuel dormait dans la maison de Dieu, lorsqu'il se réveilla en sursaut: quelqu'un l'avait appelé! Il courut chez Eli, mais le vieux prêtre ne l'avait pas appelé!

Samuel entendit le même appel une deuxième fois:

«C'est bien toi qui m'as appelé, Eli? Me voici!»

Mais Eli ne l'avait pas appelé. Le prêtre comprit alors que c'était certainement Dieu qui appelait Samuel.

Aussi, lorsque pour la troisième fois la voix appela «Samuel! Samuel!», le jeune garçon répondit comme Eli lui avait dit de le faire:

«Parle, ton serviteur écoute.»

«Je vais punir les fils d'Eli, lui annonça Dieu. Jamais plus un membre de sa famille ne sera prêtre.»

Le lendemain matin, Eli demanda à Samuel ce que Dieu lui avait dit.

Samuel n'osait pas lui répéter les paroles de Dieu, mais Eli insista tellement que Samuel parla et Eli l'écouta, le cœur plein de tristesse.

«Que Dieu fasse ce qui lui semble bon,» soupira-t-il.

Quelque temps après, le peuple d'Israël déclara la guerre aux Philistins. Comme ils perdaient la bataille, les Israélites décidèrent de faire venir de Silo le coffre contenant les lois de Dieu. Ils pensaient que ce coffre

allait leur permettre de remporter la victoire. Les deux
fils d'Eli l'apportèrent dans le camp.

Mais rien n'y fit, et les Philistins remportèrent une
éclatante victoire. Ils s'emparèrent du coffre sacré et
tuèrent les fils d'Eli.

Les Philistins étaient rentrés triomphalement chez
eux. Ils mirent le coffre sacré dans le temple de leur dieu
Dagon: c'était pour eux un trésor de guerre!

Le lendemain, ils trouvèrent la statue de Dagon
couchée, face contre terre, et cette fois-ci en mille
morceaux.

Puis une grave épidémie ravagea la ville. Les
Philistins prirent peur:

«Tout cela arrive à cause du Dieu d'Israël, se
dirent-ils. Débarrassons-nous de ce coffre sacré!»

Ils envoyèrent le coffre à Gath (une autre ville de

Philistie) puis de là à Ekron, mais à chaque fois une épidémie éclatait là où le coffre se trouvait. Inquiets et troublés, les Philistins consultèrent leurs prêtres et leurs magiciens.

«Renvoyez ce coffre en Israël, accompagné d'un cadeau pour Dieu, conseillèrent les sages. Vous ne guérirez qu'à ce prix. Souvenez-vous de ce que Dieu a fait aux Egyptiens!»

Ils chargèrent donc le coffre sur une charrette attelée à deux vaches. Quelque chose d'étrange se produisit alors. Les deux vaches tirèrent la charrette avec autant de vigueur qu'elles filèrent droit vers la frontière d'Israël jusqu'à Shemesh. Quelle joie chez les Israélites lorsqu'ils virent arriver leur coffre sacré!

Les Philistins surent désormais que le Dieu d'Israël était un Dieu puissant qu'il fallait craindre.

Samuel choisit un roi

Eli était mort et Dieu avait choisi Samuel comme prêtre pour faire connaître sa volonté au peuple d'Israël. Samuel aimait Dieu et lui obéissait.

Mais les fils de Samuel n'étaient pas meilleurs que ceux d'Eli. Ils étaient malhonnêtes et méchants. Le peuple les connaissait bien, aussi alla-t-il trouver Samuel pour lui dire:

«Tu deviens vieux et nous ne voulons pas de tes fils comme chefs. Donne-nous un roi comme en ont les autres nations.»

Cette demande déplut beaucoup à Samuel... et à Dieu! car le véritable Roi d'Israël: c'était Dieu!... lui qui les avait fait sortir d'Egypte et qui leur avait donné de bonnes lois. Maintenant le peuple voulait échapper à son autorité.

«Vous demandez un roi comme les autres nations, les avertit Samuel, mais sachez bien ce qui vous attend: votre roi prendra vos fils pour en faire des soldats pour son armée; vous devrez cultiver ses terres et lui fabriquer des armes; il prendra vos meilleurs troupeaux, vos meilleures récoltes et vos meilleures terres; il fera de vous ses esclaves: voilà comment sont les rois. Vous regretterez un jour d'en avoir voulu un.»

Mais le peuple ne le crut pas. Il voulait à tout prix un roi qui règne sur eux et qui les mène au combat. Tout le reste leur était égal. Alors Dieu dit à Samuel:

«Fais ce qu'ils te demandent. Donne-leur un roi.»

Le premier roi d'Israël fut Saül: c'était un grand et bel homme. Samuel l'avait rencontré un jour où le jeune homme était à la recherche des ânes de son père qui s'étaient égarés. Dieu avait dit à son prophète:

«Voilà l'homme qui gouvernera mon peuple.»

Samuel avait alors suivi la coutume de l'époque et il avait versé de l'huile d'olive sur la tête de Saül pour montrer que Dieu l'avait choisi et qu'il lui donnerait toutes les qualités nécessaires pour être un bon roi.

Au début, Saül fut un très bon roi. Il était courageux, il était à la tête de son peuple au combat et

remportait de belles victoires. Mais peu à peu il devint
orgueilleux et entêté. Il refusa d'écouter Samuel et
d'obéir à Dieu.

Alors vint le jour où Dieu dit à Samuel:

«Saül n'est plus digne d'être roi. Va à Bethléem
pour choisir le nouveau roi: c'est l'un des fils de Jessé.
Mais ne dis rien à personne!»

Samuel alla donc à Bethléem. Arrivé là, il déclara
qu'il était venu offrir un sacrifice à Dieu et il invita Jessé
et ses fils à se joindre à lui. Jessé arriva avec ses sept fils
qui étaient tous grands, beaux et vigoureux. Samuel parla
tour à tour à chacun d'eux, et à chaque fois il se disait:

«C'est sûrement lui que Dieu a choisi.»

Mais à chaque fois, Dieu lui disait: «non».

«Ne te laisse pas impressionner par leur aspect
physique, lui dit Dieu. C'est d'après l'intérieur que je
juge un homme, d'après ce qu'il est au fond de son cœur.
Je regarde s'il est bon et s'il a beaucoup d'amour pour les
autres.»

«As-tu encore d'autres fils?» demanda Samuel à
Jessé.

«Oui, lui répondit-il, tu n'as pas vu le plus jeune,
David: il est dans les champs, il garde les moutons.»

«Fais-le venir, lui demanda Samuel. Nous ne

82

pouvons commencer à offrir le sacrifice sans lui.»

On fit donc venir David, et, à son arrivée, Dieu dit à Samuel:

«C'est lui.»

Samuel versa de l'huile d'olive sur la tête de David, puis, le sacrifice terminé, il rentra chez lui.

David devint un ami de Dieu pour toujours.

Le jeune berger et le géant

David gardait les moutons de son père sur les collines de Bethléem pendant toute la journée. Il arrivait parfois que l'un d'entre eux se perde: David partait alors à sa recherche et le ramenait vers le troupeau. Un chacal affamé, un ours ou même un lion essayait de s'emparer d'une bête du troupeau. David avait alors besoin de toute sa force et de toute son habileté pour chasser la bête féroce et sauver la brebis.

Mais la plupart du temps, David n'avait pas grand-chose à faire, à part conduire son troupeau d'un pâturage à l'autre où l'herbe était plus grasse et plus verte.

Pourtant David ne s'ennuyait pas: il s'exerçait souvent au lance-pierres et à force, il était devenu un excellent tireur. Il jouait aussi de la harpe et il aimait chanter les chansons qu'il avait composées lui-même.

Pendant ce temps, au palais, Saül était très malheureux: Samuel ne venait plus jamais le voir, Dieu s'était éloigné de lui: tout allait mal, et le roi était de plus

en plus sombre. Il fallait faire quelque chose.

«Ce qu'il faut au roi, c'est de la musique, suggéra l'un de ses serviteurs. Cela le calmera et lui fera oublier ses soucis.»

«Moi, je connais l'homme qu'il faut au roi.»

Et c'est ainsi que David entra pour la première fois au palais royal. Sa musique était le plus efficace de tous les remèdes: elle tranquillisait l'esprit troublé de Saül, et le roi ne tarda pas à se sentir mieux. Comme on n'avait plus besoin de David, on le renvoya chez lui.

Un jour, les Philistins, ces ennemis de toujours, avançaient vers le nord. Ils installèrent leur camp dans la vallée des térébinthes: leur armée était d'un côté de la vallée, celle d'Israël de l'autre, et seul un petit torrent les séparait.

Les Philistins possédaient une arme invincible en la personne de Goliath: Goliath était un géant de plus de trois mètres de haut! Le bois de sa lance était aussi gros que le bras d'un guerrier. Chaque jour, Goliath se pavanait devant toute l'armée d'Israël et se moquait d'elle en criant:

«Où est l'homme qui veut défendre l'honneur d'Israël? Qu'il vienne se battre avec moi, s'il ose!»

Mais personne n'y allait. Tout le monde avait bien trop peur.

Un jour, David arriva au camp juste au moment où Goliath proférait ses menaces.

«Qui est cet homme qui ose défier les armées du Dieu vivant? demanda-t-il. Laissez-moi me battre avec lui!»

Les soldats d'Israël se contentèrent de rire. Mais lorsque Saül apprit ce que David avait dit, il le fit venir devant lui.

«Tu n'es qu'un enfant», lui dit-il. «Tu n'as aucune chance contre un tel guerrier!»

«Je me suis battu contre les lions et les ours qui attaquaient mes brebis, expliqua David. Puisque Dieu m'a déjà aidé à ce moment-là, il m'aidera aussi maintenant!»

«Très bien, lui dit le roi. Va, et que Dieu soit avec toi.»

David ramassa son bâton de berger et son lance-pierres, puis il alla choisir dans le ruisseau cinq cailloux bien lisses qu'il mit dans son sac et il marcha à la rencontre de Goliath.

Quand il le vit venir, Goliath rit si fort qu'il en eut mal aux côtes!

«C'est ça votre héros?» lança-t-il aux Israélites.

Mais David lui dit:

«Aujourd'hui même, Dieu te livrera entre mes mains, et tout le monde saura qu'il y a un Dieu en Israël.»

David prit alors un caillou de son sac et en arma son lance-pierres. Le caillou partit comme une fusée et frappa le front de Goliath avec une telle violence qu'il lui transperça le crâne.

David se précipita alors vers Goliath, sortit l'épée

du géant de son fourreau et lui coupa la tête.
Les Philistins poussèrent des hurlements
d'épouvante et se mirent à battre en retraite dans le
désordre le plus complet, poursuivis par les Israélites.
Israël était vainqueur.

David et le fils du roi

Après sa victoire sur Goliath, David devint célèbre. Saül l'invita à venir s'installer au palais et lui promit de lui donner sa fille en mariage.

Jonathan, le fils de Saül, se prit immédiatement d'amitié pour David, et David et Jonathan ne tardèrent pas à devenir inséparables. Ils firent même un pacte, celui de rester toujours amis.

David entra dans l'armée et prouva qu'il était un excellent soldat. Tout le monde l'aimait, le peuple chantait ses louanges... et Saül en devint jaloux. David était fiancé avec Mérav, la fille de Saül, mais le roi remettait sans cesse le mariage à plus tard.

Un jour que David jouait de la harpe, Saül lança son javelot contre lui et faillit le tuer. Mais ce n'était encore pour David que le commencement.

Saül ne tint pas la promesse qu'il avait faite à David. Il donna Mérav en mariage à un autre homme. Quand il apprit que Mikal, la plus jeune de ses filles, était amoureuse de David, il ne vit là qu'une occasion de le tuer.

«Je ne demande à David ni or, ni argent pour lui donner ma fille», déclara Saül, «qu'il m'apporte les cadavres de deux cents Philistins! Cela suffira!»

Saül était certain que David se ferait tuer par les Philistins. Mais David et ses hommes passèrent victorieusement l'épreuve imposée par le roi et David épousa Mikal.

Jonathan avait horreur de toutes ces manigances. Il alla avertir David que Saül avait juré sa perte, puis il se rendit lui-même chez le roi pour le supplier de changer d'avis et d'épargner David. Saül le lui promit, mais, une fois de plus, ne tint pas parole.

Une nuit, Mikal aida David à s'enfuir par la fenêtre en se laissant glisser le long d'une corde pendant que les gardes étaient occupés ailleurs. Les larmes aux yeux, Jonathan et David se dirent adieu: ils ne devaient plus jamais se revoir.

A partir de ce jour, David vécut en hors-la-loi dans les collines d'Israël. Il menait, avec une bande de fidèles compagnons, une existence mouvementée: un jour ici, un jour là-bas, se nourrissant comme il le pouvait. Le danger était partout et constant. Les hommes de Saül le traquaient parfois de si près que David semblait n'avoir plus aucune chance de lui échapper. Mais Dieu était avec lui et le protégeait: car il fallait que David règne un jour.

Une fois, Saül entra seul et désarmé dans la caverne où justement David et ses hommes étaient cachés. David tenait Saül à sa merci, mais il refusa de lui faire le moindre mal.

A plusieurs reprises, on alla dire au roi où se trouvait David. Saül se précipitait alors pour le surprendre dans sa cachette. Un jour, Saül campait près de Zif avec son armée. Au milieu de la nuit, David et deux de ses hommes se faufilèrent entre les gardes vers l'endroit où Saül dormait, sa lance enfoncée dans le sol à côté de lui.

«Tue-le et tu seras enfin tranquille!» chuchotèrent les amis de David. «C'est Dieu qui te le livre!»

Mais David leur répondit:

«Jamais je ne ferai de mal à l'homme que Dieu a choisi comme roi. C'est Dieu qui décidera du jour de sa mort!»

Ils quittèrent le camp, en emportant avec eux la lance de Saül et sa cruche sans être vu.

Une fois éloigné du camp de Saül, David poussa un grand cri qui réveilla en sursaut tous les soldats.

«En voilà des sentinelles! s'écria David. Vous devriez protéger votre roi mieux que cela! Regardez: voici sa lance!»

Saül reconnut la voix: c'était celle de David; David aurait pu le tuer et il ne l'avait pas fait! Saül eut honte

90

d'avoir si mal agi envers lui. Aussi, pendant un certain temps, il le laissa tranquille. Mais ces bonnes dispositions ne durèrent pas longtemps.

Bientôt, David ne fut plus du tout en sécurité en Israël. Il finit par se réfugier dans la ville philistine de Ciqlag, où il fit semblant d'être du côté des Philistins.

Il s'y trouvait encore, lorsque les Philistins se dirigèrent vers le nord pour attaquer Israël. Ils campèrent près de Sunem, et une violente bataille s'engagea sur les montagnes de Guilboa.

Jonathan trouva la mort ce jour-là, tout comme les autres fils de Saül. Le roi fut si grièvement blessé qu'il préféra se jeter sur sa propre épée que d'être pris vivant par l'ennemi.

Tout le peuple fut dans le deuil et David fut accablé de chagrin quand il apprit la nouvelle. Il se lamenta en disant:

«Oh Saül et Jonathan, mes amis bien-aimés,
Ni la vie, ni la mort ne les a séparés.
Deux grands héros sont morts dans la bataille...»
Et David pleura longtemps Saül et Jonathan.

Vive le roi David!

Une grande clameur s'éleva parmi le peuple quand les trompettes retentirent:

«David est couronné roi: longue vie au roi David!»

Finie l'époque où David était traité comme un hors-la-loi! Pourtant, il n'était pas au bout de ses peines. Les partisans de l'ancien roi Saül n'avaient pas désarmé les Philistins, et d'autres ennemis tout aussi acharnés n'attendaient que le bon moment pour prendre leur revanche. Au cœur du royaume, la forteresse de Jérusalem était toujours entre les mains d'une tribu cananéenne.

Le jour où David prit d'assaut cette place forte pour en faire sa nouvelle capitale fut un jour mémorable!

Enfin, la paix revint! et comme il le souhaitait depuis longtemps, David put faire venir à Jérusalem le coffre sacré qui contenait la Loi de Dieu. Ce jour-là, toute la population dansa, chanta et se réjouit. Mais le plus heureux et le plus enthousiaste fut encore le roi

David. Jérusalem était désormais bien plus que la capitale du royaume; c'était la cité de Dieu!

David fut un bon roi, un bon soldat et un grand chef d'Etat. Il avait une âme de chef. Il eut beaucoup de fils et de filles. Tout son peuple l'aimait. Il ne devint ni orgueilleux ni désobéissant comme l'était le roi Saül. Il demeura fidèle à Dieu toute sa vie. Il y eut pourtant, dans son existence, de bien sombres moments.

L'agneau du pauvre

Par une belle après-midi de printemps, alors que son armée combattait la tribu des Ammonites, le roi David se promenait sur la terrasse du palais où l'air était plus frais. Il aperçut une très jolie femme qui prenait un bain.

«Qui est cette femme?»

«C'est Bethsabée, la femme d'Urie», lui répondit-on.

Urie était l'un des soldats les plus courageux de l'armée de David; il était d'ailleurs en train de se battre

contre les Ammonites! Mais David refusa d'y penser. Il
ordonna à ses serviteurs d'amener Bethsabée au palais et
il coucha avec elle.

Quelques semaines plus tard, Bethsabée fit prévenir
David qu'elle attendait un bébé de lui. Qu'allait-il se
passer quand Urie, son mari, l'apprendrait? Il fallait agir
vite et David envoya au chef de son armée l'ordre
suivant:

«Envoie Urie en première ligne et fais tout pour
qu'il soit tué!»

Urie mourut et David épousa Bethsabée.

Le bébé, un garçon, vint au monde et David crut que
personne ne saurait jamais rien de ce qui s'était passé.

Mais un jour, un homme nommé Nathan vint voir le
roi de la part de Dieu: il lui raconta cette histoire:

«Il était une fois deux hommes: l'un était très riche,
l'autre très pauvre. Le riche avait de grands troupeaux, le
pauvre, lui, ne possédait qu'un petit agneau qui faisait
presque partie de la famille. Un jour, le riche reçut des
visiteurs et comme il lui fallait un agneau pour leur
préparer à manger, au lieu de tuer une des bêtes de son
troupeau, il fit tuer l'agneau du pauvre et le servit à ses
invités.»

Cette histoire souleva la colère de David. Comment
pouvait-on être aussi cruel? Il y eut un long silence, puis
Nathan reprit – et ses paroles pénétrèrent comme des
flèches dans le cœur de David.

«Cet homme, c'est toi! Dieu a fait de toi un roi et t'a donné tout ce que tu pouvais souhaiter. Et pourtant tu as pris la femme d'Urie et tu as envoyé Urie à la mort! Dieu a tout vu. A cause de ton péché, ton enfant mourra!»

David fut rempli de tristesse! Il regretta amèrement le mal qu'il avait fait, mais plus rien ne pouvait sauver la vie de l'enfant qui mourut quelques jours plus tard.

David consola Bethsabée. Dieu pardonna à David qui eut un deuxième fils de Bethsabée, Salomon.

Les années qui suivirent furent des années de grande activité. David livra de nombreuses batailles et affermit son royaume, mais son vœu le plus cher était de bâtir une maison pour Dieu: le Temple. Mais Dieu lui dit:

«C'est Salomon qui construira mon temple.»

David dressa les plans du Temple et rassembla l'or, l'argent, le bronze, le fer, le bois et les pierres précieuses nécessaires pour sa construction; tout serait ainsi prêt pour que Salomon puisse commencer à bâtir la maison de Dieu.

David passa aussi beaucoup de temps à mettre au point le service du culte dans le Temple, et il se préoccupa particulièrement de tout ce qui concernait la musique. Car David aimait beaucoup la musique; il écrivit d'ailleurs un grand nombre de chants.

La rébellion

David savait diriger les affaires du royaume, mais pas ses propres fils. Sa faiblesse lui coûta très cher.

Tout le peuple aimait le bel Absalom; le jeune fils du roi. Mais être aimé ne suffisait pas à Absalom; ce qu'il voulait, c'était devenir roi. Il se mit a comploter contre son père et s'en alla à Hébron se faire proclamer roi. Puis il marcha sur Jérusalem, la capitale, et David fut forcé de s'enfuir pour sauver sa vie.

C'était la guerre civile! Mais Dieu aimait David et avait pris soin de lui tout au long de sa vie. Dans ces heures sombres, il allait encore le protéger.

Houshaï, un ami fidèle de David, fit semblant de se rallier à Absalom. En réalité, il envoyait au roi des informations précieuses sur les projets de son fils.

Au lieu de poursuivre David et de le prendre par surprise (comme Ahitofel le lui avait conseillé), Absalom se laissa convaincre par Houshaï d'attendre, et ceci permit au roi de rassembler ses troupes.

Les deux armées se livrèrent une terrible bataille et David fut vainqueur. Absalom dut s'enfuir en catastrophe. Mais dans sa chevauchée, il passa sous un arbre aux branches très basses dans lesquelles il resta accroché par les cheveux. Les soldats de David le découvrirent et, en dépit des ordres formels du roi qui avait interdit de lui faire du mal, ils le tuèrent.

Lorsque David apprit la mort de son fils, il fut écrasé de douleur.

«Oh, mon fils Absalom! sanglotait-il. Si seulement j'étais mort à ta place. Oh, Absalom, mon fils!»

Cette grande journée de victoire s'acheva donc dans le deuil.

David retourna à Jérusalem pour punir ceux qui s'étaient rebellés contre lui et son trône ne fut, désormais, plus menacé. Mais après la révolte et la mort d'Absalom,

David ne fut plus le même: il se sentait vieux et fatigué.
Son peuple commença à se demander lequel de ses fils
serait le prochain roi d'Israël.

La sagesse de Salomon

Le roi David était maintenant un homme affaibli par l'âge, et, autour de lui, on se disputait sa succession. Adonias, le deuxième fils de David, revendiquait le trône puisque Absalom était mort.

Mais David avait d'autres projets. Il fit venir Sadoq le prêtre, Nathan le prophète et Banayahou le capitaine des gardes, et leur dit:

«C'est Salomon qui sera roi après ma mort. Qu'il prenne ma mule et qu'il aille à la source de Guihon. Là, Sadoq et Nathan, vous verserez l'huile sur lui et il sera roi. Puis vous ferez sonner les trompettes et vous crierez: Vive le roi Salomon!»

Sadoq, Nathan et Banayahou suivirent les instructions de David et proclamèrent Salomon roi. Les trompettes retentirent et tout le peuple cria: «Vive le roi Salomon!» Puis les gens du peuple le raccompagnèrent en jouant de la flûte et en poussant des cris de joie.

David donna à Salomon un dernier conseil:

«Sois ferme, obéis à Dieu, respecte ses commandements, et tout ira bien. Si tu lui obéis, Dieu tiendra la promesse qu'il m'a faite, car il m'a promis de maintenir à jamais mes descendants sur le trône d'Israël.»

David mourut et le roi Salomon régna dans la ville royale de Jérusalem – la ville de Dieu. Il gouverna un royaume fort et uni et il aima Dieu comme l'avait fait son père.

Une nuit, Dieu parla à Salomon en songe et lui demanda:

«Que veux-tu que je te donne?»

«Je suis encore jeune, répondit Salomon, et je dois régner sur un peuple nombreux! Donne-moi, je te prie, la sagesse, pour que je puisse régner avec justice et faire ce qui est bien.»

Dieu fut heureux que Salomon ait désiré la sagesse plutôt que la richesse ou la gloire.

«Je ferai de toi le plus sage des hommes, lui promit-il. Et je te donnerai en plus la richesse et la gloire!»

Salomon devint en effet le plus sage des hommes, plus sage que les sages d'Egypte. Il composa trois mille proverbes!

La reine de Saba

La renommée de Salomon se répandit au loin. Des marchands parlèrent de sa sagesse par-delà le désert, au pays de Saba. La reine de Saba eut bien du mal à croire tout ce que l'on disait de Salomon, mais la curiosité la poussa à vouloir le connaître. Elle fit une liste de toutes les questions les plus difficiles qu'elle put imaginer afin de voir s'il était aussi sage qu'on le disait.

Puis elle se mit en route, accompagnée de toute sa suite et de chameaux chargés d'épices rares, de bijoux et d'or.

Les habitants de Jérusalem avaient l'habitude de voir des visiteurs étrangers, mais quand la reine de Saba arriva, ils en restèrent bouche bée.

Elle fut reçue au palais et là, elle se mit à poser à Salomon toutes les questions de sa liste... et Salomon répondit à toutes! Puis on lui fit visiter le palais; elle goûta la nourriture raffinée que l'on servait à la table du roi, assista à des fêtes grandioses, admira les

fonctionnaires du palais dans leurs splendides uniformes et fut très impressionnée!

«Je ne voulais pas croire tout ce que l'on me disait de toi, dit-elle à Salomon, mais maintenant, j'ai vu de mes propres yeux que tout est vrai. Dieu doit beaucoup aimer son peuple, pour lui accorder un roi aussi sage que toi!»

Elle offrit au roi Salomon tous les cadeaux qu'elle avait apportés: les épices rares, les bijoux et l'or. Le roi lui fit en retour de somptueux présents et lui accorda tout ce qu'elle désirait. Puis la reine et sa suite s'en retournèrent dans leur pays.

Une maison pour Dieu

Après quatre années de règne, Salomon commença à construire la maison de Dieu, le Temple.

Il fallut extraire de grosses pierres des carrières pour poser les fondations et élever les murs. Puis Salomon eut besoin de bois de cèdre; les cèdres les plus beaux ne poussaient pas en Israël, mais au pays de Tyr, chez le roi Hiram. Les deux rois conclurent donc un accord et les cèdres furent abattus. Les troncs étaient traînés vers la mer puis attachés les uns aux autres pour former des radeaux qui longeaient la côte en flottant jusqu'au pays d'Israël.

Le Temple était composé de deux salles: la salle principale qui était rectangulaire, et la salle intérieure carrée. Elles étaient séparées par une double porte.

Comme la salle intérieure n'avait pas de fenêtres, il y faisait très sombre. Elle contenait le coffre qui renfermait la Loi de Dieu. Sur le coffre deux créatures ailées, sculptées dans du bois d'olivier recouvert d'or, déployaient largement leurs ailes. Cette salle était spécialement réservée à Dieu. Personne n'y entrait, si ce n'est, une fois par an, le grand-prêtre à l'occasion du Jour du Grand Pardon.

Dans la salle extérieure étaient dressés un autel et dix chandeliers. Ce Temple était la maison de Dieu.

Les murs étaient recouverts, du sol au plafond, de panneaux de cèdre sculptés d'animaux ailés, de palmiers et de fleurs. Tout l'intérieur du Temple – même le parquet en bois de pin – était recouvert d'or.

A l'extérieur du Temple, il y avait des cours où le peuple pouvait apporter les animaux que les prêtres tuaient pour les offrir à Dieu.

Pour travailler le bronze, on fit venir de Tyr un ouvrier réputé pour son habileté. Il fit les colonnes de bronze qui devaient se dresser à l'entrée du Temple, la grande cuve en bronze qui reposait sur le dos de douze taureaux de bronze, et les dix supports de bronze décorés montés sur roues qui soutenaient d'autres cuves.

Il fallut sept longues années à des centaines

d'ouvriers pour bâtir et aménager le Temple de Dieu. Mais une fois achevé, quelle splendeur! Rien n'avait été trop beau pour Dieu!

Salomon rassembla alors tout le peuple, et les prêtres offrirent à Dieu des sacrifices pour cette occasion, puis ils apportèrent le coffre sacré qui contenait la Loi de Dieu et le placèrent dans la salle intérieure. Au même moment, la gloire de Dieu remplit le Temple.

Salomon pria Dieu en disant:

«Oh, Seigneur, Dieu d'Israël: il n'y a pas un seul dieu qui te ressemble, qui aime son peuple et qui tienne toutes ses promesses comme tu le fais. Veille.sur ton Temple. Ecoute les prières de ton peuple. Pardonne-lui et aide-le toujours.»

Puis il se tourna vers le peuple et lui dit:

«Que Dieu soit avec vous comme il l'a été avec vos pères! Soyez fidèles à Dieu et obéissez à ses commandements.»

Après la cérémonie, il y eut une grande fête.

Les choses se gâtent

Le règne de Salomon fut un «âge d'or» pour le peuple d'Israël. Les marchands faisaient du commerce avec des régions lointaines et s'enrichissaient beaucoup. Salomon fit construire des bateaux qui ramenaient en Israël de précieuses cargaisons.

Un peu partout dans le pays, s'élevèrent de

nouveaux bâtiments splendides et de grandes villes fortifiées.

Mais il ne faudrait pas croire que tout était parfait. Les travaux de construction exigeaient toujours plus d'hommes et toujours plus d'argent: le peuple dut payer de lourds impôts et travailler de gré ou de force pour le roi, ce qui l'empêchait de cultiver ses propres terres.

Le roi Salomon épousa une multitude de princesses étrangères, ce qui était excellent pour le commerce et pour la paix. Mais ces princesses, qui n'adoraient pas le vrai Dieu, apportaient avec elles leurs dieux. En vieillissant, Salomon se laissa convaincre par ses femmes d'adorer les faux dieux. Il ne fut donc pas fidèle à Dieu comme l'avait été son père David. Dieu dit alors à Salomon:

«Puisque tu n'as pas observé mes commandements, ton fils ne régnera pas sur tout ton royaume.»

Peu de temps après la mort de Salomon, le royaume d'Israël se divisa. Le territoire de Juda, au sud du pays, resta fidèle au fils de Salomon, le roi Roboam. Mais les dix tribus du nord proclamèrent leur indépendance et choisirent comme roi Jéroboam, l'un des officiers de Salomon. Jéroboam fit fabriquer deux taureaux en or et il voulut que le peuple de Dieu les adore. Il en mit un à Béthel, au sud, et l'autre à Dan, au nord. Cette mauvaise action allait avoir de terribles conséquences.

Elie et les prophètes de Baal

Jéroboam fut le premier roi du royaume du Nord, appelé désormais royaume d'Israël. Aucun des rois qui lui succédèrent ne fut fidèle à Dieu.

Akhab, le septième roi du royaume d'Israël fut le pire de tous. Il épousa Jézabel, la fille du roi de Sidon, une femme cruelle et méchante. Il fit construire un temple spécialement dédié à Baal, le dieu de la guerre, de l'orage et de la grêle, parce que c'était le dieu de Jézabel et de son peuple.

La reine Jézabel fit tuer un grand nombre de prophètes de Dieu, parce qu'ils apprenaient au peuple à aimer Dieu et à lui obéir.

Il restait pourtant dans le royaume d'Akhab un homme qui continuait d'annoncer courageusement la parole de Dieu: cet homme était le prophète Elie.

Un jour, Dieu lui dit:
«Va dire au roi Akhab que j'ai vu tout le mal qu'il a fait, et dis-lui qu'à cause de cela, il ne pleuvra plus en Israël jusqu'à ce que j'en décide autrement.»
Elie alla répéter au roi le message de Dieu, puis Dieu envoya Elie sur la rive gauche du Jourdain, près du torrent de Kerith pour qu'il y soit en sécurité. Il pouvait boire au torrent, et chaque jour Dieu lui envoyait des corbeaux qui lui apportaient sa nourriture.
Mais, au bout d'un certain temps, le torrent fut à sec, parce qu'il ne pleuvait plus. Alors Dieu dit à Elie:
«Va vers le nord, et arrête-toi à Sarepta, près de Sidon. Tu trouveras là une femme veuve qui te donnera à manger.»
Elie obéit et, en entrant dans Sarepta, il rencontra

une femme veuve qui ramassait du bois mort.

«Donne-moi de l'eau à boire, je te prie, et aussi à manger un peu de pain», lui demanda-t-il.

«Je n'ai plus de pain, lui répondit-elle. Il me reste tout juste une poignée de farine et quelques gouttes d'huile d'olive.»

«Ne t'inquiète pas, lui dit Elie, et fais-moi d'abord un petit pain; je te promets de la part de Dieu que tu ne manqueras ni de farine, ni d'huile tant que durera la sécheresse.»

La femme obéit à Elie et elle s'aperçut qu'il avait dit vrai: elle cuisait son pain – et, miracle, il y avait toujours juste assez de farine et d'huile pour nourrir trois personnes!

Mais un jour, le fils de la pauvre veuve tomba

malade. Son état s'aggrava et il mourut.

«C'est à cause de toi! dit-elle à Elie. C'est une punition, parce que tu as rappelé à Dieu tout le mal que j'avais pu commettre!»

«Donne-moi ton fils», lui dit Elie.

Il prit l'enfant dans ses bras, le porta dans la chambre du haut où il logeait, et l'installa sur son lit. Puis il pria Dieu et lui dit:

«Tu sais combien cette femme a été bonne envers moi. Je t'en supplie, ramène cet enfant à la vie.»

Par trois fois, Elie répéta sa prière et Dieu ramena
l'enfant à la vie.

La pauvre veuve eut de la peine à le croire! Elle se
précipita pour prendre son petit garçon dans ses bras,
puis elle dit au prophète:

«Maintenant, je sais que tu es vraiment un homme
de Dieu, et que tout ce que tu dis est la vérité.»

Le défi

Aucune goutte de pluie n'était tombée sur le
royaume d'Israël depuis longtemps, et beaucoup
mouraient de faim. Dieu envoya alors Elie vers le roi
Akhab.

«Qu'est-ce que tu viens faire ici? lui lança le roi.
C'est à cause de toi que tout va mal en Israël!»

«C'est faux, répliqua Elie. C'est toi qui es la cause
de tous les malheurs d'Israël, car tu as désobéi à Dieu en
adorant Baal. Maintenant ordonne immédiatement à tout
le peuple et à tous les prophètes de Baal de venir me
retrouver sur le mont Carmel.»

Le roi fit ce qu'Elie lui avait ordonné, et quand tout
le monde fut là, Elie déclara au peuple:

«Il vous faut maintenant choisir, vous ne pouvez pas
continuer à adorer à la fois Baal et Dieu. Nous allons voir
aujourd'hui qui est le vrai Dieu: si c'est le Seigneur, vous
l'adorerez. Et si c'est Baal vous l'adorerez.»

Il se tourna ensuite vers les prophètes de Baal et leur
dit:

«Vous et moi, nous allons offrir un sacrifice. Vous,
vous sacrifierez un taureau à Baal, et moi, j'en sacrifierai
un à Dieu. Le dieu qui enverra le feu sur le sacrifice sera

le vrai Dieu.»

Les prophètes de Baal construisirent donc un autel. Ils mirent du bois par-dessus, égorgèrent leur taureau et le déposèrent sur le bois.

Puis ils passèrent toute la journée à crier:

«Baal, écoute-nous... Baal, écoute-nous!»

Ils eurent beau entrer en transe, crier, sauter, hurler... Il n'y eut aucune réponse, il ne se passa rien!

Quand le tour d'Elie fut venu, il construisit son autel, y déposa du bois et tua son taureau. Puis il versa de l'eau sur le corps de l'animal jusqu'à ce que le bois, dessous, soit imbibé d'eau.

«Oh, Seigneur! Dieu d'Israël, montre à tout le peuple que tu es, toi, le vrai Dieu!»

Et Dieu fit descendre le feu sur l'autel: la chaleur ardente des flammes absorba toute l'eau et brûla complètement le taureau.

En voyant cela, le peuple tomba le visage contre terre en disant:

«C'est le Seigneur qui est Dieu! C'est le Seigneur qui est Dieu!» s'écrièrent-ils.

La foule s'empara alors des prophètes de Baal et les

tua tous sans qu'ils puissent faire le moindre geste.

Puis Elie demanda à Dieu de faire venir la pluie:
alors le vent se mit à souffler, le ciel se couvrit de
nuages, et la pluie commença à tomber. Pour Elie, ce jour
fut le plus beau de sa vie. Il exultait... il avait gagné! Il
courut même devant le char du roi tout le long du chemin
de retour vers le palais de Izréel.

Mais le lendemain matin, la situation avait bien
changé. Elie courait encore, mais cette fois c'était pour
sauver sa vie. La reine Jézabel s'était jurée de se
débarrasser de lui. Arrivé dans le sud du pays, Elie
continua de fuir à travers le désert jusqu'à ce qu'il arrive
au mont Sinaï: là, il s'arrêta...

Il était seul, tout seul... Tout était calme et
silencieux... C'est alors qu'il entendit la voix de Dieu:

«Que fais-tu là, Elie?»

«Ils ont tué tous tes prophètes», répondit Elie,
désespéré. «Je suis le seul qui reste, et ils veulent me
tuer, moi aussi.»

«Debout, Elie! lui dit Dieu. Il y a encore du travail
qui t'attend. Ne pense plus à la reine Jézabel et au roi
Akhab. Je m'en occuperai moi-même; mais toi, va vers
Elisée: c'est lui qui sera mon prophète après toi. Ne te
crois pas seul: il y a sept mille personnes en Israël qui
n'ont jamais adoré Baal!»

A ces mots, Elie reprit courage. Il partit chercher
Elisée, qu'il trouva en train de labourer son champ. Il
retira son manteau et le posa sur les épaules d'Elisée:
cela signifiait qu'Elisée serait le prochain grand prophète
en Israël. Et Elisée quitta sa maison pour partir avec Elie.

Le roi Akhab et sa vigne

A côté du palais du roi Akhab, à Izréel, se trouvait une vigne qui appartenait à un homme appelé Naboth. Or, le roi Akhab cherchait un terrain tout près du palais pour en faire un jardin potager.

«Cette vigne ferait tout à fait l'affaire», se dit le roi.

Il fit venir Naboth pour lui proposer d'acheter sa vigne ou de l'échanger contre une autre vigne.

Mais la réponse de Naboth fut sans réplique:

«Non! Cette vigne a toujours appartenu à ma famille et je veux la donner à mon fils quand je mourrai. D'ailleurs, tu sais très bien que la loi de Dieu m'interdit de la vendre à qui que ce soit.»

Le roi Akhab n'en faisait qu'à sa tête et n'avait pas l'habitude de s'entendre répondre «non». La réponse de Naboth le rendit furieux. La reine s'aperçut de sa colère et lui en demanda la raison.

«Es-tu le roi, oui ou non?» s'exclama-t-elle quand il

l'eut mise au courant de la situation. «Laisse-moi faire, et cette vigne t'appartiendra.»

La reine Jézabel fit accuser Naboth de trahison, le fit condamner, puis lapider à mort. Naboth était bien sûr parfaitement innocent. Puis Jézabel alla trouver le roi:

«Naboth est mort, lui dit-elle. Plus rien ne t'empêche maintenant de prendre sa vigne!»

Un jour que le roi se promenait dans la vigne de Naboth, le prophète Elie vint à sa rencontre et lui dit:

«Tu as versé le sang de Naboth, et à cause de cela Dieu te déclare aujourd'hui que ton propre sang sera lui aussi versé. Ta femme, Jézabel, mourra ici à Izréel. Quant à ta famille, elle sera exterminée.»

Akhab fut horrifié en entendant les paroles d'Elie et, pendant quelque temps, il essaya de mieux se conduire, mais cela ne dura pas longtemps.

Trois ans plus tard, le roi Akhab partit combattre les Syriens avec Josaphat, le roi de Juda. Une violente bataille se déroula à Ramoth de Galaad.

Josaphat était vêtu de son habit royal, comme d'habitude, mais Akhab, qui pensait courir moins de risques en étant déguisé, portait l'uniforme d'un simple soldat. Peine perdue! Un soldat syrien lui décocha une flèche qui l'atteignit au défaut de la cuirasse. Akhab perdit tout son sang dans son char et mourut.

Dieu avait tenu parole.

Les exploits du prophète Elisée

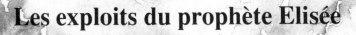

Elie était maintenant un vieil homme: l'heure de son dernier voyage avait sonné, et Elisée partit avec lui comme il le faisait toujours.

Un groupe de prophètes les suivit depuis Jéricho, puis s'arrêta au bord du Jourdain pour voir ce qui allait se passer. Elie roula son manteau et en frappa l'eau: un chemin s'ouvrit alors devant eux, et les deux hommes purent traverser à pied sec.

Quand ils furent arrivés sur l'autre rive, Elie dit à Elisée:

«Je vais te quitter dans quelques instants. Y a-t-il quelque chose que je puisse faire pour toi avant mon départ?»

«Je vais devoir continuer ton travail sans ton aide, répondit Elisée, je suis ton successeur: laisse-moi ton pouvoir!»

«Tu demandes là quelque chose de difficile», répliqua Elie. «Mais si tu me vois au moment où je serai enlevé, tu obtiendras ce que tu as demandé. Sois-en sûr!»

A peine avait-il dit ces mots qu'un chariot de feu, tiré par des chevaux flamboyants, s'arrêta silencieusement entre eux: Elisée vit Elie monter au ciel dans un grand tourbillon... Puis il se retrouva seul. Il ramassa tristement le manteau d'Elie et s'en retourna vers le Jourdain. Il frappa l'eau en disant:

«Où est le Seigneur, le Dieu d'Elie?»

Et les eaux se partagèrent à nouveau pour qu'il puisse traverser à pied sec. Les prophètes qui assistaient à la scène comprirent qu'ils ne verraient jamais plus Elie, et que Dieu avait choisi Elisée pour le remplacer.

La maison de Shounem

Comme il était prophète, Elisée parcourait le pays pour enseigner au peuple de Dieu comment obéir à ses lois. Un jour, il arriva dans la ville de Shounem. Il était épuisé, affamé et couvert de poussière. Comme il passait devant la maison d'une femme riche, celle-ci l'invita à partager son repas.

«Reviens quand tu voudras», lui dit-elle lorsqu'il reprit son chemin.

Elisée revint donc plusieurs fois chez cette femme si serviable. Un jour, cette femme dit à son mari:

«Si nous construisions une chambre pour cet homme de Dieu? Il pourrait ainsi loger et se reposer ici lors de ces voyages à Shounem.»

Ils lui construisirent donc une chambre sur le toit de leur maison. Quand celle-ci fut achevée, la femme y mit un lit, une table, une chaise, et une lampe. Elisée en fut tout heureux.

«Ces gens ont tant fait pour moi!» dit-il à Guéhazi, son serviteur. «Que pourrions-nous faire pour les remercier?»

«Ils sont riches, fit remarquer Guéhazi. Ils ont tout ce qu'ils peuvent désirer... Mais ils n'ont pas d'enfant.»

Aussitôt Elisée appela la femme et lui dit:

«L'an prochain, à la même époque, tu auras un fils!»

Quelle joie chez cette femme quand la promesse d'Elisée se réalisa!

Mais, quelques années plus tard, le malheur s'abattit

sur cette famille: le petit garçon aidait son père à moissonner quand tout à coup il se mit à crier:

«Ma tête... Oh, ma tête!»

Son père le renvoya en hâte à la maison vers sa mère.

Mais quelques heures plus tard, l'enfant mourut. Sa mère fit seller un âne et partit chercher le prophète.

Quand Elisée arriva à Shounem, il monta dans sa chambre et y entra seul. Le corps de l'enfant était allongé sans vie sur son lit... Elisée se mit à prier:

«Oh, Seigneur Dieu. Je t'en prie, rends la vie à cet enfant!» Puis il posa sa bouche sur celle de l'enfant et peu à peu le corps du petit garçon commença à se réchauffer.

Alors Elisée appela sa mère:

«Viens vite: ton fils est vivant et en bonne santé!»

Le général syrien

Naamân était un des hommes les plus importants de Syrie: c'était le chef de l'armée du roi. Tout ce qu'un homme pouvait désirer, il l'avait: le pouvoir, la gloire, les richesses, une grande maison et de nombreux serviteurs. Mais il avait aussi une terrible maladie de peau, la lèpre, que rien ne pouvait guérir à cette époque-là. Sa femme et lui étaient donc terriblement inquiets.

Au cours d'une de leurs campagnes militaires, les

Syriens avaient capturé une jeune fille israélite qui était devenue la servante de la femme de Naamân.

«Chez nous, en Israël, il y a un prophète qui pourrait guérir le maître», assura la servante.

Aussitôt, le roi de Syrie permit à Naamân d'aller voir Elisée en Israël.

A son étonnement, ce fut le serviteur d'Elisée qui le reçut... et sur le pas de la porte!

Le serviteur lui dit:

«Mon maître te fait dire d'aller te laver sept fois dans le Jourdain, après cela tu seras guéri.»

Quelle déception! Naamân s'était attendu à ce qu'Elisée fasse quelque chose de spectaculaire. Il en était bien vexé.

«S'il s'agit simplement d'aller me laver, il y a de plus belles rivières en Syrie!» s'écria-t-il.

Ses serviteurs insistèrent pour qu'il y aille.

Naamân descendit donc dans la rivière, et se plongea sept fois dans l'eau et, la septième fois, il fut complètement guéri!

Il retourna en toute hâte chez le prophète, le remercia de tout son cœur et lui dit:

«Maintenant je sais que le Dieu d'Israël est le seul vrai Dieu.»

L'armée de Dieu

Une fois de plus, la guerre avait éclaté entre la Syrie et Israël: les Syriens tendirent une embuscade au roi d'Israël mais Elisée avertit le roi et il n'y tomba pas. Chaque fois que les Syriens préparaient une attaque, Dieu le révélait à Elisée, qui en avertissait son roi.

«Trouvez-moi ce prophète et faites-le prisonnier!»
tonna le roi de Syrie.

Quand il apprit qu'Elisée se trouvait à Dotân, le roi
de Syrie envoya de nuit ses cavaliers et ses chars
encercler la ville. Le lendemain matin, le serviteur
d'Elisée les aperçut et fut pris de panique:

«Nous sommes cernés», cria-t-il à Elisée.

Mais Elisée ne montra aucun signe d'inquiétude.

«Seigneur Dieu, pria-t-il, ouvre les yeux de mon
serviteur!» Et quand le serviteur regarda à nouveau il vit
une armée de cavaliers et de chars flamboyants qui
encerclait l'armée syrienne! Il sut alors que Dieu
protégeait son prophète et qu'il ne pouvait rien lui arriver
de mal.

Elisée fit beaucoup de choses extraordinaires tout au
long de sa vie. Sa renommée devint si grande que même
des rois vinrent lui demander conseil. Cela ne l'empêcha
pourtant jamais de s'occuper des gens du peuple. Et
quand il mourut, tout le pays le pleura.

Joas, l'enfant-roi

Le royaume du Nord, où avaient vécu Elie et Elisée, était déchiré par des luttes continuelles pour le pouvoir. Les rois n'étaient pas fidèles à Dieu. Guerres et rébellions se succédaient sans cesse.

Dans le royaume du Sud, le royaume de Juda, les choses allaient un peu mieux. A Jérusalem, la capitale, les rois – qui appartenaient tous à la lignée du roi David – se succédaient sans problème. Plusieurs d'entre eux furent de bons rois. Ils obéissaient à Dieu. Mais quelques-uns abandonnèrent le Dieu vivant pour adorer Baal ou d'autres dieux, qui n'étaient que des idoles.

Au roi Salomon succéda son fils, le roi Roboam, au roi Roboam succéda son fils, le roi Abiyam,
puis son fils, le roi Asa,
puis son fils, le roi Josaphat,
puis son fils, le roi Yoram.
Le roi Yoram épousa Athalie, la fille du roi Akhab d'Israël. Après sa mort, Akhazia, le nouveau roi (le fils de Yoram et d'Athalie) décida d'aller rendre visite au roi d'Israël.

Malheureusement, il choisit pour sa visite un bien mauvais moment. Pendant qu'il était en Israël, un officier de l'armée du roi d'Israël nommé Jéhu s'empara du pouvoir. Le roi d'Israël fut tué, et Jézabel, la reine-mère, fut précipitée par la fenêtre du palais de Izréel, et mourut de façon horrible, comme Dieu le lui avait annoncé.

Akhazia sauta dans son char pour essayer de s'enfuir, mais les hommes de Jéhu le rattrapèrent et le blessèrent si gravement qu'il mourut avant d'arriver chez lui.

Quand la reine Athalie apprit ce qui s'était passé, elle devint folle de rage puis elle donna l'ordre à ses soldats de massacrer tous les membres de la famille royale, sans exception, car elle avait décidé de régner seule sur le royaume de Juda.

Si son plan avait réussi, la lignée de David se serait éteinte, mais Dieu avait promis au roi David que sa dynastie n'aurait pas de fin.

Athalie fit donc tuer tous les membres de la famille royale – mais un bébé, le fils du roi Akhazia, échappa au massacre. Ce bébé s'appelait Joas. Sa tante le sauva en le cachant dans le Temple.

Pendant six ans, le grand-prêtre Yéhoyada s'occupa de Joas, en secret, car personne n'était au courant de l'existence de l'enfant.

Quand Joas eut sept ans, Yéhoyada fit venir les

soldats de la garde royale et leur annonça la nouvelle.

«Voici ce que vous allez faire», leur dit-il, et il leur exposa son plan.

Yéhoyada fit alors sortir Joas du Temple, sous la protection des soldats de la garde qui avaient l'épée à la main. Il posa la couronne sur la tête du jeune garçon, et le proclama roi légitime de Juda.

Dans la foule, ce fut un délire.

«Vive le roi! Vive le roi! Vive le roi Joas!»

En entendant ces cris, la reine Athalie se précipita au Temple, et elle aperçut Joas.

«Trahison! Trahison!» hurla-t-elle.

Mais personne ne vint à sa rescousse, car le règne d'Athalie avait été un règne de terreur: tous avaient peur d'elle et la haïssaient. Les soldats s'emparèrent d'elle et la tuèrent.

Le peuple se rendit ensuite au temple de Baal, pour renverser les idoles et démolir les autels qui s'y trouvaient. Une fois de plus Dieu avait délivré son peuple pour qu'il puisse l'adorer et vivre en paix.

Joas régna pendant quarante ans. Dès son enfance, le grand-prêtre Yéhoyada lui avait appris à connaître et à aimer la Loi de Dieu, et il ne l'oublia jamais.

Le Temple de Dieu avait été laissé à l'abandon et la première chose qu'entreprit Joas, une fois devenu roi, fut sa restauration... et si Joas laissa son nom dans l'histoire des rois de Juda, ce ne fut pas seulement parce qu'il avait été un enfant-roi, mais aussi parce qu'il avait redonné au Temple de Dieu toute sa beauté.

Les envahisseurs venus du Nord

Environ soixante-dix ans après la mort du roi Joas, son arrière-arrière-arrière petit-fils Ezékias monta sur le trône de Juda... Son règne ne fut pas facile.

Au nord-est d'Israël, le royaume d'Assyrie était devenu puissant et les armées assyriennes attaquaient régulièrement les pays voisins. Elles prenaient d'assaut les villes, les pillaient et en tuaient les habitants.

L'un après l'autre, les petits royaumes qui entouraient Israël furent annexés de force à l'immense empire Assyrien.

Quatre ans après le début du règne d'Ezékias, l'armée assyrienne se mit en marche vers le sud à la conquête d'Israël. Pendant près de trois ans, Samarie, la capitale du royaume du nord, fut assiégée. Les Samaritains moururent de faim par milliers avant que la ville ne soit finalement prise.

Le roi d'Israël fut fait prisonnier. Les Assyriens obligèrent les Israélites à quitter leur pays et à parcourir des centaines de kilomètres à pied jusqu'en Assyrie. Ils

ne devaient jamais revoir leur pays.

On fit venir à leur place des étrangers qui s'installèrent à Samarie et y apportèrent leurs dieux.

Tous ces terribles événements arrivèrent parce que les Israélites avaient refusé d'écouter Dieu et de lui obéir. Dieu les avait pourtant bien souvent avertis, mais ils n'avaient jamais voulu l'écouter.

La situation n'était guère plus brillante en Juda. Le peuple adorait des idoles de pierre ou de bois et Dieu était presque oublié.

Mais les habitants de Juda avaient un grand

privilège: ils avaient pour roi Ezékias, un homme qui mettait sa confiance en Dieu: il ordonna que les idoles soient détruites.

«Je veux que mon peuple se confie en Dieu comme moi», disait-il.

Le peuple de Juda était même doublement favorisé car il avait un prophète, Esaïe, qui, lui, faisait connaître la volonté de Dieu.

«Ne suivez pas l'exemple du peuple d'Israël, leur disait-il. Voyez où cela les a menés. Attachez-vous à Dieu, aimez-le, obéissez-lui. Les Assyriens ne tarderont pas à déferler sur notre pays, mais n'ayez pas peur: Dieu est avec nous.»

Sept ans plus tard, exactement, les Assyriens revinrent; ils se dirigèrent cette fois vers le sud pour s'emparer de Juda. Ils commencèrent à s'attaquer aux forteresses qui protégeaient la frontière, puis pénétrèrent toujours plus avant dans le pays jusqu'à ce qu'ils arrivent un jour aux portes de Jérusalem.

Le roi Ezékias, Esaïe et toute la population s'étaient enfermés dans la ville comme des oiseaux dans une cage.

Trois chefs de l'armée assyrienne s'avancèrent sous les portes de la ville et exigèrent de voir le roi. Celui-ci leur envoya trois de ses conseillers pour parlementer. Du haut de la muraille de Jérusalem, tout le peuple regardait et tendait l'oreille. La vue des innombrables rangées de soldats assyriens armés de lances et de boucliers, dont le métal étincelait au soleil, les faisait frémir d'effroi.

«Ecoutez ce que dit Sennakérib, le grand roi d'Assyrie», dirent d'une voix forte les Assyriens. «Faites la paix avec moi pendant que vous le pouvez encore. Vous êtes à ma merci. Vous imaginez-vous que votre Dieu pourra vous sauver?»

«Les dieux des autres nations les ont-ils sauvées? N'écoutez pas Ezékias qui essaie de vous tromper... Sortez de la ville et rendez-vous!»

Le peuple ne répondit rien.

Ezékias envoya ses serviteurs prévenir le prophète Esaïe de ce qui se passait et demander son aide. Le prophète les écouta attentivement puis il leur dit:

«Allez dire à Ezékias de ne pas avoir peur. Dieu peut sauver la ville, et il le fera!»

Le roi Sennakérib d'Assyrie écrivit alors à Ezékias

pour lui dire: «Je détruirai ta ville et ton Dieu ne pourra rien pour toi.»

Ezékias se rendit dans le Temple avec la lettre pour en parler à Dieu.

«C'est toi le seul vrai Dieu, dit-il. Tu as créé tout l'univers. Tu es plus grand que tous les rois du monde. Délivre-nous des Assyriens, je t'en supplie!»

Alors Esaïe envoya de nouveau un message au roi:

«Dieu a entendu les insultes du roi d'Assyrie et maintenant voilà ce que Dieu dit: J'ai donné jusqu'à ce jour la victoire au roi d'Assyrie mais c'en est terminé, Sennakérib ne pénétrera pas dans la ville. Ses soldats ne lanceront pas une seule flèche contre elle. Je défendrai et je protégerai Jérusalem.»

Cette nuit-là, il arriva quelque chose de terrible dans le camp assyrien: des milliers et des milliers de soldats moururent...

Là-dessus, le roi d'Assyrie fut averti qu'une invasion menaçait son propre pays. Il retourna en hâte à Ninive, sa capitale, et fut assassiné peu de temps après par deux de ses fils. Et Jérusalem retrouva la paix.

Esaïe prédit l'avenir

Un jour, des messagers du roi de Babylone vinrent rendre visite à Ezékias qui était maintenant un très vieil homme. Ezékias les reçut en amis et leur montra fièrement tous ses trésors.

Esaïe dit alors au roi:

«Les Babyloniens sont aujourd'hui des amis. Mais je te le dis, de la part de Dieu: un jour, tes trésors et ton peuple seront emmenés à Babylone.»

Car Dieu révélait à Esaïe ce qui allait arriver au peuple... et Esaïe avertit le peuple:

«Aujourd'hui, Dieu a sauvé Jérusalem des Assyriens! Mais si vous ne vous confiez pas entièrement en lui et si vous n'obéissez pas à ses lois, un jour, Jérusalem sera prise. Des soldats ennemis vous emmèneront en exil bien loin d'ici. Mais Dieu ne vous abandonnera jamais: un jour, il vous ramènera dans votre pays.»

Bien sûr, ces choses n'arriveraient pas tout de suite, ni même dans quelques années, mais quelques siècles plus tard... Un jour, Dieu allait envoyer son roi.

«Dieu nous enverra un enfant, et cet enfant sera notre roi. On l'appellera "Conseiller Admirable", "Dieu Puissant", "Père Eternel", "Prince de la paix"...»

Il régnera comme successeur du roi David.

«Préparons la voie au Roi des Rois, disait Esaïe, frayez-lui un chemin à travers le désert. Comblez les vallées, aplanissez les montagnes, pour que dans le monde entier les hommes puissent voir la gloire de Dieu.»

Et tout ce qu'Esaïe avait annoncé se réalisa: non pas à cette époque, mais bien des années plus tard.

Le roi Josias fait une découverte

Tous les efforts qu'avait fait Ezékias pour ramener son peuple vers Dieu furent anéantis par les rois qui lui succédèrent. Le peuple se remit à faire des idoles et à les adorer. Certains sacrifiaient même leurs enfants à ces dieux. Ils pratiquaient la magie et adoraient le soleil et les étoiles.

Le royaume de Juda suivait le mauvais exemple du royaume d'Israël et, comme Israël, il allait bientôt être détruit. Il y eut pourtant, dans le royaume de Juda, un dernier roi fidèle à Dieu: ce fut le roi Josias.

Comme Joas, il était très jeune quand il devint roi. Lorsqu'il eut dix-huit ans, il ordonna que le Temple de Dieu soit réparé. C'est alors que dans l'une des salles qui servait d'entrepôt, les ouvriers découvrirent un vieux livre qui avait l'air d'être important. Le prêtre Hilkiyahou remit ce livre au secrétaire de Josias, qui le lut à haute voix au roi. Josias s'écria:

«Mais c'est le livre des lois de Dieu! Cela fait des années et des années que personne n'a obéi à ces lois! Nous n'avons pas tenu la promesse que nous avions faite à Dieu! Que devons-nous faire maintenant pour lui plaire?»

«Allons demander à Houlda», proposa Hilkiyahou. Houlda était une prophétesse de Dieu connue pour sa grande sagesse. Ils se précipitèrent donc chez elle.

«Que devons-nous faire maintenant que nous avons retrouvé ce livre?»

«Voici ce que Dieu vous dit», leur répondit-elle. «Mon peuple ne m'a pas obéi: parce qu'il a adoré les idoles, il sera puni; mais je ne le punirai pas tant que le roi Josias sera en vie parce que le roi Josias m'est fidèle.»

Le roi Josias convoqua les chefs et tout le peuple, et tous se rassemblèrent devant le Temple. Le roi leur lut à haute voix le livre de la Loi, et chacun promit d'obéir aux commandements de Dieu. Puis Josias brûla toutes les idoles de bois. Il renversa tous les autels consacrés aux dieux et aux démons. Il détruisit l'endroit de la vallée d'Hinnom où des enfants avaient été jetés au feu en sacrifice au dieu Moloch. Il incendia les chars utilisés pour le culte du soleil. Il fit disparaître de tout le royaume tous les temples païens construits par les rois précédents.

Les prêtres de Baal, les magiciens et les sorcières furent chassés du pays.

«Maintenant, déclara enfin Josias, nous pouvons célébrer la fête de la Pâque», comme l'a célébrée le peuple de Dieu lorsqu'il sortit d'Egypte.

Il y avait des centaines d'années que le royaume n'avait connu de fête de Pâque semblable à celle de cette année-là. Des milliers de moutons, d'agneaux, de chèvres et de taureaux furent tués et rôtis. Chaque famille célébra la Pâque en mangeant ensemble le repas réservé à cette fête.

La fête dura sept jours, et tout le peuple adora Dieu.

Le roi Josias aima Dieu de tout son cœur. Il fut le meilleur de tous les rois de Juda.

Malheureusement, après sa mort – il mourut dans une bataille – le peuple recommença à se conduire aussi mal qu'auparavant. Tout ce que Josias avait fait n'avait servi qu'à retarder la punition de Dieu.

Jérémie et la chute de Jérusalem

Sous le règne de Josias, Dieu appela Jérémie. Il lui dit qu'il serait son prophète. Jérémie était jeune et timide.

«Je t'ai choisi pour être mon prophète avant même que tu sois né, lui dit Dieu. N'aie pas peur: je te connais mieux que tu ne te connais toi-même. Je te dirai ce que tu devras dire et je te protégerai.»

Jérémie n'avait pas le choix car le message de Dieu était pour lui comme un feu qui l'aurait brûlé s'il ne l'avait pas annoncé: il fallait qu'il parle!

A cette époque, le petit royaume de Juda se trouvait pris entre deux grandes nations – une au nord et une au sud – qui étaient en guerre. Le roi Josias avait d'ailleurs trouvé la mort au cours d'une bataille contre le roi d'Egypte, au sud, qui essayait de traverser Juda pour aller vers le nord aider les Assyriens à repousser les Babyloniens.

Quatre années plus tard, Nabuchodonosor, roi de Babylone, remporta une bataille décisive: il écrasa l'Egypte et s'empara du royaume de Juda.

Pendant tout ce temps, Jérémie répétait fidèlement au peuple les paroles de Dieu, l'avertissant que des choses effroyables allaient lui arriver s'il ne revenait pas vers Dieu.

Mais ces avertissements restèrent sans effet: le peuple continua à adorer ses idoles et personne ne prit Jérémie au sérieux. Le peuple resta sourd aux paroles de Dieu.

Pour se faire comprendre, Jérémie se servit d'images. Un jour, il se rendit à la maison du potier pour le voir travailler. Le potier mettait de l'argile sur son tour et le transformait en un pot ou une cruche. Quand le résultat ne le satisfaisait pas, il réduisait à nouveau l'argile en pâte et recommençait son travail.

Dieu dit alors à Jérémie:

«Le peuple d'Israël est entre mes mains comme l'argile entre les mains du potier. J'ai le droit de le détruire et de le remodeler, et c'est ce que je vais faire s'il ne m'écoute pas. Il faut qu'il change de conduite et qu'il cesse de faire le mal.»

Un autre jour, Jérémie alla devant le Temple et, s'adressant au peuple, lui dit: «Voici ce que Dieu déclare: Si vous ne voulez pas m'écouter et m'obéir, je détruirai le Temple et la ville de Jérusalem.»

C'en fut trop pour les prêtres qui empêchèrent désormais Jérémie de s'approcher du Temple. Il fut arrêté et battu.

Mais personne ne peut obliger Dieu à se taire:
Jérémie n'était plus libre de proclamer la parole de Dieu,
mais il pouvait encore l'écrire! Il écrivait donc tout ce
qu'il avait à dire sur un long rouleau de parchemin (car à
l'époque, il n'y avait ni livres, ni papier à lettres). Quand
on lut ce parchemin au roi, celui-ci se mit dans une telle
rage qu'il arracha le parchemin des mains de celui qui le
lisait et le jeta dans les flammes.

Mais Jérémie en écrivit un deuxième!

«La parole de Dieu est comme un feu, disait-il, un
feu que personne ne pourra jamais éteindre... Elle est
comme un marteau qui peut briser le roc le plus dur...»

Un jour, le roi de Juda refusa de continuer de payer
ses impôts au roi Nabuchodonosor: il se révolta contre lui
et perdit son trône! L'armée babylonienne envahit
Jérusalem et emmena en exil son roi avec des milliers

d'autres prisonniers, parmi lesquels il y avait un jeune homme nommé Ezéchiel.

Sédécias devint roi à la place du roi déporté: ce fut le dernier roi de Juda. Mais le peuple de Dieu n'avait pas encore compris la leçon que Dieu voulait lui apprendre.

Jérémie dit alors au peuple de la part de Dieu: «Soumettez-vous aux Babyloniens, ou vous serez massacrés. Abandonnez ces idoles qui ne peuvent rien faire pour vous; revenez vers le Dieu vivant avant qu'il ne soit trop tard. Le temps presse!»

Ces paroles firent de Jérémie l'homme le plus impopulaire de Jérusalem.

Les chefs de la ville firent arrêter le prophète, ils le firent fouetter et jeter en prison.

Après dix ans de règne, Sédécias se rebella à son tour contre Nabuchodonosor qui revint aussitôt mettre le siège devant Jérusalem.

«Rendez-vous si vous voulez avoir la vie sauve, suppliait Jérémie. Dieu va livrer notre ville aux Babyloniens!»

Furieux, les chefs de la ville firent jeter le prophète dans une citerne profonde qui ne contenait plus d'eau, mais seulement de la boue, et ils le laissèrent, affamé, dans ce trou.

Heureusement Eved-Mélek, un Ethiopien qui travaillait au palais, alla trouver le roi pour lui demander

de sauver la vie du prophète: dès que le roi eut accepté, il courut à la citerne avec trois autres hommes; ils lancèrent des cordes à Jérémie pour lui parler en secret:

«Que dois-je faire?» lui demanda le roi.

«Rends-toi, car la ville va être détruite», répondit Jérémie.

Mais, au lieu de suivre le conseil du prophète, le roi tenta de s'enfuir pour sauver sa vie: peine perdue, les Babyloniens le capturèrent, lui crevèrent les yeux et tuèrent ses deux fils. Puis ils firent une brèche dans le mur et envahirent la ville. Ils détruisirent des centaines de maisons et le Temple de Dieu, dont ils emportèrent les trésors. Lorsqu'ils quittèrent Jérusalem, la ville n'était plus qu'un brasier.

Ils emmenèrent le peuple à Babylone et le réduisirent à l'esclavage: le peuple de Dieu était désormais esclave dans ce pays même où, bien des siècles auparavant, Abraham avait entendu la voix de Dieu qui lui demandait de partir pour Canaan!

Jérémie resta à Jérusalem avec les quelques Israélites laissés dans le pays. Il écrivit une lettre pour redonner du courage aux exilés: «Voici ce que Dieu dit: Je vous promets qu'un jour je vous ramènerai dans votre pays. Vous apprendrez à m'aimer dans ce pays où vous êtes exilés. Vous vous souviendrez de mes lois et vous commencerez à faire ce qui est bien. Ne perdez pas espoir: votre exil prendra fin et je vous ramènerai à Jérusalem.»

Ezéchiel et les exilés

Ezéchiel était très malheureux loin de son pays. Pendant toute sa jeunesse, il avait impatiemment attendu d'avoir trente ans pour pouvoir être prêtre dans le Temple de Dieu.

Et maintenant, il était là, à des centaines de kilomètres de Jérusalem! Il faisait partie des dix mille habitants des collines et des vallées de Juda que le roi Nabuchodonosor avait fait esclaves dans les plaines de Babylone.

Cinq années s'étaient écoulées depuis qu'Ezéchiel avait quitté son pays.

«Le Temple est si loin! pensait-il, et Dieu aussi semble si lointain!»

Soudain, il eut une vision: une rafale de vent lui fit lever les yeux. Etait-ce une tempête qui s'annonçait? Un étrange nuage noir filait vers lui. Des éclairs illuminèrent le ciel. Le nuage était maintenant si proche qu'Ezéchiel distingua en son milieu quatre créatures qui volaient aile contre aile et qui ressemblaient aux créatures ailées qui gardaient, dans le Temple, le coffre contenant la Loi de Dieu; il vit aussi des roues qui tournaient dans tous les sens et des yeux qui regardaient dans toutes les directions.

Au-dessus de ces ténèbres, Ezéchiel pouvait voir un bleu éclatant encore plus vif que le bleu du ciel.

Puis il entendit une voix; elle ébranla le sol. Ezéchiel trembla. Etait-il possible que Dieu soit ici? en Babylonie? Alors il entendit la voix qui disait:

«Je t'envoie pour avertir mon peuple exilé. Mon peuple s'est révolté et s'est détourné de moi. Dis-lui de changer de conduite. Je mettrai dans ta bouche les paroles que tu auras à dire.»

Après cette vision, Ezéchiel retourna en tremblant vers le camp. Dieu était donc présent à Babylone et dans le monde entier! Il lui avait confié une mission, non pas dans le Temple, mais dans le camp, parmi les exilés!

Ezéchiel eut encore bien d'autres visions terrifiantes

ou merveilleuses. Ezéchiel vit, dans l'une d'elles, Nabuchodonosor attaquer Juda pour la seconde fois, puis reconquérir Jérusalem et détruire le Temple. Ezéchiel décrivait ses visions à ses compagnons d'exil, non seulement en leur parlant, mais en leur mimant la scène de façon si frappante qu'ils en étaient tous très impressionnés.

«Tout ce qui est arrivé est de notre faute, disait-il. Dieu nous a aimés, il a été bon envers nous, et nous, nous avons désobéi à ses lois, nous avons fait le mal, nous avons même adoré des idoles... Maintenant, nous sommes punis.»

Les exilés finirent par apprendre que Nabuchodonosor avait pris Jérusalem et détruit la ville et le Temple, comme Ezéchiel le leur avait annoncé, et ils furent remplis de désespoir.

«Nous sommes un peuple sans avenir, gémirent-ils. Il n'y a plus aucun espoir pour nous: Dieu nous a abandonnés.»

Ezéchiel fit de son mieux pour les consoler et il leur dit: «C'est faux, Dieu nous aime toujours!»

Mais rien ne pouvait consoler le peuple désespéré. Ezéchiel eut une nouvelle et étrange vision: il se trouvait dans une vallée dont le sol était jonché d'ossements, des os desséchés de vieux squelettes. Soudain Dieu lui dit:

«Dis à ces ossements que je vais leur redonner le souffle de vie et en faire des êtres vivants.»

Et pendant que le prophète, obéissant à Dieu, parlait, le miracle se produisit: les os se rassemblèrent, les squelettes se mirent debout, devinrent des êtres vivants, et Dieu leur donna la vie par sa parole.

Dieu dit alors à Ezéchiel:

«Va dire à mon peuple ce que je suis capable de faire. Je lui donnerai une vie nouvelle, et j'en referai une nation. Je le ramènerai dans son pays, et cette fois il me sera fidèle.»

La vie de Daniel

Daniel n'était encore qu'un tout jeune homme lorsque le roi Nabuchodonosor l'emmena en otage à Babylone.

Peu après son arrivée à Babylone, Daniel fut choisi pour être éduqué dans la meilleure école du royaume avec trois de ses amis. Tous quatre étaient beaux, intelligents, et issus des meilleures familles de Juda.

«Qu'ils étudient pendant trois ans dans mon école, décida le roi: qu'on leur enseigne notre langue, notre littérature et les pensées de nos grands philosophes. Qu'on leur donne le meilleur vin et la nourriture la plus fine, car je veux qu'ils soient au meilleur de leur forme.»

Or Dieu avait donné à son peuple toute une série de règles concernant la nourriture. Daniel et ses amis voulaient obéir aux lois de Dieu; ils demandèrent donc au gardien qui s'occupait d'eux de les laisser tout simplement manger des légumes et boire de l'eau au lieu de suivre le régime imposé par le roi.

«Si vous maigrissez ou tombez malade, le roi me tuera, s'écria le gardien. Mais je veux bien vous laisser faire ce que vous voulez pendant dix jours. Ensuite, nous verrons.»

Au bout de dix jours, Daniel et ses amis étaient en meilleure santé que tous ceux qui avaient suivi le régime royal. Le gardien leur permit donc de manger et de boire ce qu'ils voulaient.

A la fin de leurs trois années d'étude, ils remportèrent tous les premiers prix! Ils en savaient même plus que les sages de Babylone: le roi décida donc de les garder à sa cour.

142

Le rêve

Une nuit, le roi fit un rêve épouvantable et, pris de panique, fit appeler ses sages dès son réveil!

«Je ne me souviens plus de ce que j'ai rêvé, leur expliqua-t-il, mais dites-le-moi et donnez-m'en l'explication!»

Les sages étaient très doués pour expliquer les rêves, mais encore fallait-il qu'ils sachent de quel rêve il s'agissait!

«O Roi, si seulement tu voulais bien nous raconter ton rêve, alors nous te l'expliquerions tout de suite», répondirent-ils.

Le roi se mit en colère et vociféra:

«Obéissez, ou je vous ferai mettre en pièces!»

«Mais personne n'est capable de faire ce que tu nous demandes!» gémirent-ils.

Le roi ordonna donc à ses soldats de tuer tous les sages de Babylone. Mais quand ils se présentèrent chez Daniel pour l'arrêter, celui-ci leur dit:

«Laissez-moi parler au roi. Je lui raconterai son rêve

et je lui en donnerai l'explication.»

Daniel supplia Dieu de révéler le rêve du roi à
Daniel. Et Dieu le lui révéla, ainsi que sa signification.
Daniel alla devant le roi et lui dit tout ce qu'il désirait
savoir et le roi commença à éprouver un profond respect
pour le Dieu de Daniel.

«S'il peut te révéler des mystères tels que celui-ci,
dit-il, ton Dieu est certainement le Dieu des dieux.»

La statue d'or

Quelques années plus tard, Nabuchodonosor fit
ériger une statue d'or qui représentait l'un de ses dieux.
Elle était haute de trente mètres. Tous les principaux
personnages du royaume vinrent assister à son
inauguration.

«Au son de la musique, ordonna le roi, chacun se
prosternera et adorera mon dieu. Celui qui désobéira à
mon ordre sera brûlé vif dans la fournaise la plus
ardente.»

Tous les assistants obéirent au roi... Sauf les trois
amis de Daniel (Daniel lui-même était resté à la cour

royale). Ils s'expliquèrent courageusement:

«Notre Dieu est capable de nous sauver de la fournaise car rien n'est trop difficile pour lui. Mais, même s'il ne le fait pas, nous n'adorerons aucun autre dieu et nous ne nous prosternerons pas devant ta statue.»

En entendant cela, la fureur du roi fut telle qu'il fit chauffer la fournaise sept fois plus fort que d'habitude, avant d'y faire jeter les trois hommes, pieds et poings liés.

Mais, quelques instants plus tard, le roi dut se frotter les yeux pour s'assurer qu'il ne rêvait pas, car il voyait maintenant quatre hommes, oui, quatre hommes au lieu de trois! et ces hommes se promenaient tranquillement au milieu des flammes! «Et le quatrième homme, balbutia le

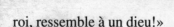

roi, ressemble à un dieu!»

«Sortez, cria-t-il, sortez!» et les trois amis sortirent. Leurs liens avaient disparu, les flammes n'avaient pas brûlé leurs vêtements, ni roussi un seul cheveu de leur tête. Ils ne sentaient même pas la fumée!

«Le Dieu qui est capable de faire cela est vraiment un grand Dieu!» reconnut le roi.

«Que personne ne dise désormais de mal du Dieu de ces hommes.»

Le festin de Belshassar

Les années passèrent. Nabuchodonosor mourut et Belshassar monta sur le trône de Babylone. Il organisa un grand festin auquel il invita plus de mille personnages importants de son royaume.

Après avoir bu plus qu'il n'aurait dû, il voulut étaler toutes ses richesses.

«Apportez-moi les coupes et les bols d'or et d'argent que Nabuchodonosor a pris dans le Temple de Jérusalem», s'écria-t-il.

Ses serviteurs s'empressèrent de lui obéir et le roi et ses invités s'amusèrent alors à boire en l'honneur de leurs dieux – des idoles de métal, de bois et de pierre – dans les coupes qui appartenaient au Temple de Dieu.

Ils étaient tous en train de boire, de rire et de faire du tapage, lorsqu'ils virent soudain apparaître dans l'air une main d'homme... juste une main! et cette main se mit à écrire sur le plâtre du mur. On aurait pu entendre voler une mouche. Le roi était devenu blanc comme un linge.

«Faites venir mes sages, fit-il d'une voix étranglée. Celui qui pourra me dire ce que signifient les mots inscrits sur le mur sera nommé premier ministre.»

Mais aucun des sages n'eut la moindre idée de ce que ces mots pouvaient signifier. La reine-mère se souvint alors de la façon dont Daniel avait deviné le rêve du roi Nabuchodonosor: vite, on fit venir Daniel.

«Donne-moi la signification de ces mots, et ta richesse et ta puissance sont assurés», lui dit le roi.

«Garde tes cadeaux, lui répondit Daniel. Ce que j'ai à te dire ne va pas te plaire. Tu as offensé Dieu en buvant en l'honneur de tes idoles dans les coupes qui appartenaient à son Temple, aussi Dieu te déclare-t-il que les jours de ton royaume sont comptés: ton royaume sera donné aux Mèdes et aux Perses.»

Et cette même nuit, Belshassar fut assassiné. Les Mèdes et les Perses prirent Babylone et leur roi: Darius monta sur le trône.

Complot contre Daniel

Darius fit de Daniel un de ses trois principaux gouverneurs. Daniel était maintenant un homme âgé. Il servait le roi honnêtement et fidèlement, mais il continua aussi à prier Dieu très régulièrement trois fois par jour,

comme il l'avait toujours fait: il priait à genoux devant sa fenêtre ouverte, tourné vers la lointaine Jérusalem.

Les autres ministres du roi devinrent jaloux de Daniel et se mirent à comploter contre lui... mais de quoi pouvait-on bien l'accuser? Ils allèrent voir le roi et lui suggèrent de publier une nouvelle loi, une loi qui n'admettrait aucune exception.

«Pendant trente jours, personne n'aura le droit de demander quoi que ce soit à d'autres dieux que ceux de Babylone. Quiconque n'obéira pas à la loi sera jeté aux lions.»

Daniel apprit que le roi avait signé cet ordre, mais il continua à prier Dieu trois fois par jour, sans se cacher.

Les ennemis de Daniel se frottèrent les mains; leur complot avait réussi! Ils coururent dénoncer Daniel au roi. Darius fut bouleversé en les écoutant; il essaya de sauver Daniel mais il n'y arriva pas.

Le soir même, Daniel fut jeté dans une fosse profonde où rugissaient des lions affamés.

Le roi fut incapable de toucher à son repas; il renvoya les musiciens et les autres artistes habituellement chargés de le divertir. Il ne ferma pas l'œil de la nuit.

Dès l'aurore, il se précipita vers la fosse aux lions, s'attendant au pire:

«Daniel», appela-t-il sans s'attendre à recevoir de réponse, «ton Dieu a-t-il pu te sauver des lions?»

A son grand étonnement, Daniel lui répondit:

«Oui, roi Darius. Les lions ne m'ont fait aucun mal.»

«Libérez-le immédiatement! ordonna Darius, et jetez dans la fosse aux lions ceux qui l'ont accusé!»

Et c'est ainsi que Daniel sortit sain et sauf de la fosse, parce qu'il avait eu confiance en Dieu.

Puis le roi Darius publia une seconde loi:

«Je veux que dans mon royaume, chacun craigne le Dieu de Daniel et tremble devant lui, car son Dieu l'a sauvé des lions! C'est lui qui est le Dieu vivant pour l'éternité.»

Retournons à Jérusalem

Bien des années plus tard, Cyrus, un roi perse, régnait à Babylone. C'était un homme bon.

Un jour, il fit proclamer dans son royaume:

«Dieu m'a dit de laisser partir son peuple, les Juifs (on leur donna ce nom parce qu'ils venaient de Juda) afin qu'ils aillent rebâtir le Temple de Jérusalem. Ils sont donc libres de partir. Je leur rendrai tous les trésors que le roi Nabuchodonosor a pris dans le Temple avant de le détruire.»

Ce jour-là, les rues de Babylone résonnèrent de cris de joie!

«L'exil est fini! Dieu a tenu sa promesse! Nous pouvons rentrer chez nous!»

Les Juifs avaient hâte de pouvoir à nouveau adorer Dieu dans le pays de leurs ancêtres. Les années d'exil leur avaient été utiles: ils avaient enfin appris à aimer Dieu et à lui obéir.

Quarante-deux mille personnes prirent donc le chemin du désert; ils emmenèrent avec eux leurs serviteurs et tout ce qui leur appartenait: chevaux, mulets et chameaux trébuchaient sous le poids de la nourriture et du matériel nécessaires pour un si long voyage!

Quand les Juifs arrivèrent enfin à Jérusalem, leur premier souci fut de commencer à rebâtir le Temple de Dieu.

L'or et l'argent coulèrent à flots pour payer les travaux de reconstruction. Débordant de zèle, ils posèrent les fondations du Temple. Ceux qui étaient restés en Israël pendant que les Juifs étaient en exil vinrent leur proposer leurs services.

«Nous aussi nous adorons Dieu», leur dirent-ils. Mais les Juifs refusèrent leur aide car ils voulaient reconstruire le Temple tout seuls.

Alors, les habitants du pays leur causèrent tant d'ennuis que le travail fut interrompu pendant de longs mois. Les prophètes de Dieu finirent tout de même par dire au peuple juif:

«N'avez-vous pas honte de ne vous occuper que de

vos maisons, alors que le Temple de Dieu est encore en ruines?»

Les Juifs se remirent donc au travail et terminèrent enfin le Temple.

Esdras l'érudit

Les années passèrent. A Babylone vivait un homme très instruit qui passait beaucoup de temps à étudier la Loi de Dieu: cet homme s'appelait Esdras. Or Esdras était profondément troublé car il avait appris que les Juifs qui étaient retournés en Israël ne connaissaient à peu près rien de la Loi de Dieu. Esdras alla donc voir le roi et lui demanda l'autorisation d'aller à Jérusalem pour apprendre la Loi aux Juifs.

Le roi avait beaucoup de respect pour Esdras; il lui dit:

«Pars et emmène avec toi tous ceux qui voudront bien t'accompagner. Je te donnerai tout ce dont tu auras besoin, et aussi de l'argent et de l'or pour le Temple de Dieu.»

Arrivé à Jérusalem, Esdras se rendit tout de suite compte que la situation était loin d'être réjouissante: les hommes se mariaient avec des femmes étrangères qui amenaient avec elles leurs faux dieux à Jérusalem. Or c'était cela qui avait provoqué la colère de Dieu et causé l'exil des Israélites.

«Vous n'avez pas tenu les promesses que vous aviez faites à Dieu, leur reprocha Esdras. Il faut remettre de l'ordre dans vos vies.» Et Esdras se mit à apprendre au peuple à obéir aux lois de Dieu.

Le gouverneur Néhémie

Le Temple était maintenant reconstruit, mais la ville était toujours en ruines et les murailles restaient démolies et calcinées.

En apprenant cela, Néhémie, un Juif qui aimait Dieu et qui était très attaché à son peuple, pleura pendant plusieurs jours. Il vivait à la cour du palais royal de Perse

où il avait une haute fonction: il était responsable du vin servi au roi de Perse.

Néhémie passa des journées entières à prier Dieu sans manger. Il avait l'air si triste que le roi lui-même ne tarda pas à s'en rendre compte.

«Que t'arrive-t-il?» lui demanda-t-il.

«O Roi, Jérusalem est en ruines, répondit Néhémie. Je t'en supplie, permets-moi d'aller reconstruire la ville!»

Dieu exauça la prière de Néhémie: non seulement le roi le laissa partir, mais il donna même l'ordre aux gouverneurs de ses provinces de veiller à la sécurité de Néhémie et de lui apporter toute l'aide dont il pourrait avoir besoin.

C'est ainsi que Néhémie arriva sans difficulté à Jérusalem. Il attendit qu'il fasse nuit, puis il fit à cheval le tour de la ville pour inspecter les murailles.

Le lendemain, il s'adressa aux prêtres, aux chefs et à tout le peuple:

«Ces murailles écroulées nous déshonorent! s'écria-t-il, reconstruisons-les! Dieu nous aidera!»

Et il leur raconta de quelle façon Dieu avait exaucé ses prières et comment le roi de Perse l'avait laissé partir.

Si Néhémie savait prier, il savait aussi travailler. Dès qu'il fut nommé gouverneur de Juda, il prouva qu'il était un excellent organisateur. Il chargea chaque famille

de rebâtir la section de muraille la plus proche de sa maison. Tout le monde se mit à l'ouvrage, et le travail avança rapidement.

Mais les habitants du pays prirent peur: ils ne voulaient pas que Jérusalem redevienne une puissante ville fortifiée: il fallait à tout prix que les travaux cessent.

Ils commencèrent donc à se moquer des Juifs qui travaillaient:

«Quel genre de muraille êtes-vous donc en train de construire? ricanèrent-ils. Même un renard serait capable de la renverser!»

Mais les Juifs étaient si occupés par leurs travaux qu'ils continuèrent sans même leur prêter attention. Les murs commencèrent à s'élever.

Alors leurs ennemis décidèrent de les attaquer. Néhémie l'apprit, il pria Dieu de les protéger et établit une garde. Pendant que la moitié du peuple travaillait, l'autre moitié en armes faisait le guet.

Mais l'ennemi n'était pas à court d'idées.

«Nous désirons parlementer», proposèrent-ils un jour.

«Vous voyez bien que nous sommes occupés. Nous

n'avons pas de temps à perdre en bavardage», leur répondit Néhémie.

Ils menacèrent les Juifs d'aller dire au roi que Néhémie préparait une révolte contre lui. Mais Néhémie resta imperturbable. Les travaux se terminèrent enfin, avec l'aide de Dieu. En cinquante-deux jours seulement, Jérusalem était redevenue une puissante place forte, une ville dont on pouvait être fier.

Alors les Juifs firent une grande fête pour célébrer la fin des travaux. Ils montèrent tous sur les murailles et firent tout le tour de la ville en remerciant Dieu par des chants et des cris de joie. Les prêtres firent retentir leurs trompettes, les musiciens jouèrent de tout leur cœur. Tout le monde fut heureux.

Esdras lut à haute voix la Loi de Dieu devant tout le peuple et la lui expliqua. Le peuple demanda à Dieu de lui pardonner tout le mal qu'il avait fait et promit de l'aimer et de garder sa Loi pour toujours.

C'est ainsi que Néhémie, le gouverneur, et Esdras, l'érudit, conduisirent le peuple de Dieu sur le droit chemin.

Un complot déjoué

Le roi Xerxès de Perse invita à un grand banquet tous les hommes de Suse, sa capitale.

A l'intérieur du palais, la reine Vashti invita à un autre banquet toutes les femmes de la ville.

Le septième jour, le roi, qui avait trop bu, décida de montrer la reine – qui était une jolie femme –, à tout le monde.

«Allez chercher la reine Vashti!» ordonna-t-il à ses serviteurs.

Mais la reine refusa de venir! Le roi se sentit ridiculisé devant tous ses invités. Furieux, il convoqua ses conseillers.

«Si les femmes de Perse apprennent ce qui s'est passé, elles s'imagineront avoir, elles aussi, le droit de désobéir à leur mari!» firent-ils remarquer au roi.

Il ne restait plus qu'une chose à faire:

«Chassez la reine Vashti, et trouvez-moi une autre reine», ordonna le roi.

On se mit à la recherche d'une autre reine et toutes les plus belles filles de Perse furent envoyées au palais. Elles passèrent un an dans le harem du roi, nourries de mets raffinés. On les massait chaque jour avec des huiles odorantes...

Puis, chacune se rendait à son tour chez le roi. La plus belle d'entre elles était Esther, la fille adoptive du Juif Mardochée: tout le monde l'aimait, et dès que le roi

l'aperçut, il décida qu'Esther serait reine.

Un jour, Mardochée apprit que des hommes préparaient un plan pour tuer le roi. Il en parla à Esther, qui prévint Xerxès. Le roi fut très reconnaissant envers Mardochée et il fit inscrire le nom dans le livre des chroniques du palais. (On écrivait dans ce livre tout ce qui se passait à la cour du roi.)

Quelque temps après, un homme nommé Haman fut nommé chef de l'état-major du roi. Il était orgueilleux et cruel. Chacun devait se prosterner devant lui, mais

Mardochée s'y refusa:

«Je suis Juif», lui dit-il, «et mon peuple ne se prosterne que devant Dieu.»

A partir de ce moment, la décision d'Haman fut prise: Mardochée mourrait, et tous les Juifs avec lui. Il commença par aller trouver le roi et lui dit:

«Il y a dans ton royaume un peuple qui refuse d'obéir à tes lois. Permets-moi de le détruire!»

Le roi donna à Haman la bague qui servait de sceau royal, et Haman envoya aux gouverneurs de toutes les provinces l'ordre, confirmé par le sceau royal, de massacrer les Juifs au jour indiqué sur le message.

Au palais, personne ne savait qu'Esther était juive.

Mardochée et tous les Juifs prirent le deuil.

«Que se passe-t-il?» demanda Esther.

Mardochée lui raconta tout ce qui se tramait contre les Juifs et lui dit:

«Va chez le roi et parle-lui en faveur de notre peuple.»

«Mais voilà un mois que le roi ne m'a pas fait appeler, répondit Esther. Si je vais le voir sans qu'il l'ait demandé, je risque d'être mise à mort.»

«Si tu es devenue reine, c'est peut-être pour que tu nous sauves», répondit Mardochée.

Esther se rendit alors chez le roi. Haman était justement là et fut d'ailleurs très heureux de voir la reine. Esther attendit le bon moment pour les inviter tous les deux à manger chez elle ce soir-là. La soirée se passa bien et Esther invita de nouveau Haman pour le lendemain.

Haman se sentit flatté: dîner en tête-à-tête avec le roi et la reine, quel honneur! Mais la pensée de Mardochée vint lui gâcher son plaisir: aussi ordonna-t-il à ses hommes de dresser la potence pour y pendre le Juif dès le lendemain.

Or, cette nuit-là, le roi, qui n'arrivait pas à s'endormir, se fit apporter le livre des chroniques du palais et se mit à le lire... Soudain il vit le nom de Mardochée.

«Il faut que je récompense cet homme», se dit-il.

Et c'est ainsi, qu'au lieu d'être pendu, comme Haman l'avait projeté, Mardochée reçut le lendemain tous les honneurs royaux, même par Haman!

Le soir suivant, pendant le repas, le roi fut frappé une fois de plus par la beauté de la reine et il lui dit:

«Y a-t-il quelque chose que tu désires? Demande et je te le donnerai.»

«Mon peuple et moi-même allons être mis à mort,

répondit Esther. Accorde-nous simplement la vie, à moi et à mon peuple.»

Le roi pâlit et demanda:

«Qui a ordonné cela?»

«Haman!» répondit-elle. «Il a même fait préparer une potence pour y pendre Mardochée», ajouta l'un des serviteurs.

«Eh bien, qu'il soit pendu à sa propre potence!» ordonna le roi, furieux.

Son ordre fut exécuté à l'heure même. Et c'est ainsi que, cette nuit-là, Esther sauva la vie de tout son peuple.

Quant à Mardochée, il fut nommé chef de l'état-major du roi, à la place de Haman.

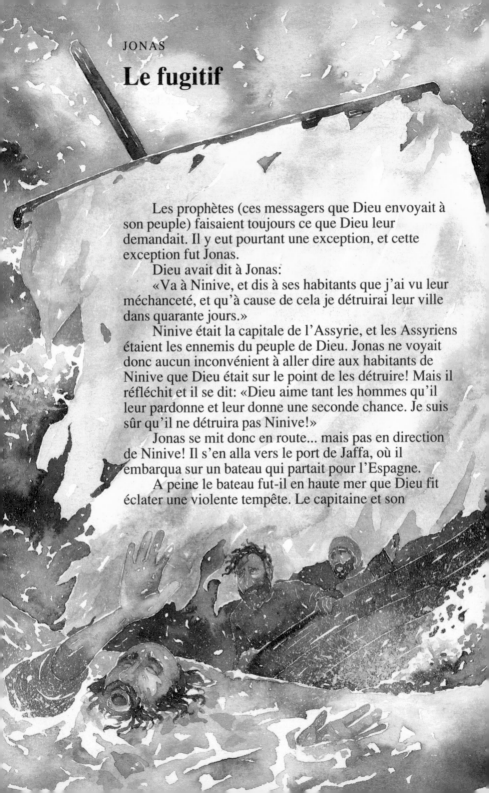

Le fugitif

Les prophètes (ces messagers que Dieu envoyait à son peuple) faisaient toujours ce que Dieu leur demandait. Il y eut pourtant une exception, et cette exception fut Jonas.

Dieu avait dit à Jonas:

«Va à Ninive, et dis à ses habitants que j'ai vu leur méchanceté, et qu'à cause de cela je détruirai leur ville dans quarante jours.»

Ninive était la capitale de l'Assyrie, et les Assyriens étaient les ennemis du peuple de Dieu. Jonas ne voyait donc aucun inconvénient à aller dire aux habitants de Ninive que Dieu était sur le point de les détruire! Mais il réfléchit et il se dit: «Dieu aime tant les hommes qu'il leur pardonne et leur donne une seconde chance. Je suis sûr qu'il ne détruira pas Ninive!»

Jonas se mit donc en route... mais pas en direction de Ninive! Il s'en alla vers le port de Jaffa, où il embarqua sur un bateau qui partait pour l'Espagne.

A peine le bateau fut-il en haute mer que Dieu fit éclater une violente tempête. Le capitaine et son

équipage furent pris de panique.

«Que chacun prie son Dieu! crièrent-ils aux passagers. Priez pour que nous ayons la vie sauve!»

Or, Jonas dormait profondément. Le capitaine le secoua et lui dit:

«Fais comme tout le monde et prie!»

«Je ne peux pas demander à Dieu de m'aider, répondit Jonas, puisque je me suis enfui loin de lui. C'est Dieu qui a envoyé cette tempête. Jetez-moi par-dessus bord, et la mer se calmera.»

Le capitaine commença par refuser, mais la tempête devint d'une telle violence qu'il se résolut finalement à jeter Jonas par-dessus bord.

Dès que Jonas s'enfonça dans l'eau, la mer se calma.

A bord du bateau, l'équipage et les passagers remercièrent le Dieu de Jonas.

Jonas pensa qu'il allait mourir. Il appela Dieu à son aide et Dieu envoya un énorme poisson qui l'avala tout vivant!

Jonas resta trois jours dans le ventre du poisson, se mit à regretter d'avoir désobéi à Dieu et lui demanda pardon.

Le poisson rejeta alors Jonas sur une plage. Jamais il n'avait été aussi heureux de voir le soleil!

Il alla directement à Ninive pour proclamer le message de Dieu.

Les habitants de Ninive prirent au sérieux l'avertissement de Dieu! Tous changèrent de conduite, tous, de l'esclave le plus misérable jusqu'au roi dans son palais! Dieu fut satisfait: puisqu'ils avaient cessé de faire le mal, il ne les détruirait pas.

Jonas alla s'asseoir hors des murs de la ville, fâché et malheureux.

«Et voilà, dit-il à Dieu, tout s'est passé comme je l'avais dit. C'est bien pour cela que j'avais essayé de m'enfuir! Je savais que tu étais bon. Maintenant, laisse-moi mourir!»

Mais Dieu ne le laissa pas mourir. Au contraire, il fit même pousser une plante pour l'abriter et le protéger du soleil brûlant et Jonas se sentit mieux.

Le lendemain, pourtant, la plante mourut et le soleil darda encore plus fort ses rayons sur le pauvre Jonas.

«J'étais content d'avoir cette plante, se plaignit Jonas. Et maintenant qu'elle n'est plus là, je suis malheureux.»

«Tu commences peut-être à apprendre quelque chose, lui répondit Dieu. Tu te lamentes sur la mort de cette plante pour laquelle tu n'as rien fait. Ce n'est même pas toi qui l'as fait pousser. Ne penses-tu pas que je doive aussi avoir pitié de ces gens de Ninive et de leurs enfants innocents? C'est moi qui leur ai donné la vie et qui m'inquiète de leur sort.»

Et Jonas commença enfin à comprendre...

L'histoire de Jésus et de ses disciples

LE NOUVEAU TESTAMENT

Après le retour du peuple de Dieu en Israël, des
centaines d'années s'écoulèrent. Puis, les Romains
envahirent le pays et s'en rendirent maîtres. Les
soldats romains quadrillèrent le pays et les Juifs durent
payer des impôts à Rome... Rome, cette puissance
qu'ils détestaient. Ah! comme ils aspiraient
désespérément à la liberté! Les prophètes avaient
promis qu'un jour Dieu leur enverrait son Roi, le
«Messie», et le peuple pensait: «Il chassera les
Romains de notre pays et nous libérera.» Mais ce
n'était pas du tout cela que les prophètes avaient voulu
dire et c'est pourquoi, lorsque le Roi promis par Dieu
arriva, la plupart des gens ne le reconnurent pas.
Voici comment tout commença...

Une jeune fille nommée Marie

Dans la ville de Nazareth, au nord d'Israël, dans la province de Galilée, vivait une fille nommée Marie. C'était une jeune fille comme les autres qui aidait sa mère à faire le pain, à filer la laine et à chercher l'eau. Quand elle eut l'âge de se marier, elle devint la fiancée de Joseph, le charpentier du village. Mais voilà qu'un jour quelque chose de tout à fait extraordinaire arriva.

Marie s'activait comme d'habitude dans sa maison, tout en pensant à son mariage, lorsqu'elle vit en levant les yeux un étranger qui la regardait. Avant qu'elle ait pu dire un mot, l'homme parla:

«Je suis Gabriel, un des anges-messagers de Dieu, et j'ai quelque chose à te dire de la part de Dieu.»

Marie prit peur et se demandait ce que l'ange allait lui dire.

«N'aie pas peur, continua l'ange. Dieu te connaît, il te connaît même bien et il t'aime. Il m'a envoyé pour te dire qu'il t'a choisie pour te faire un très grand honneur. Tu vas être la mère du roi promis par Dieu. Le bébé que tu vas avoir sera le Fils de Dieu.»

«Mais je ne comprends pas! balbutia Marie. Je ne suis pas encore mariée.»

«Ne t'inquiète pas, Dieu s'occupera de tout. Rien n'est trop difficile pour lui. Tu te souviens de ta cousine Elisabeth? Tout le monde pensait qu'elle ne pourrait jamais avoir d'enfant. Et bien, maintenant elle attend un bébé. Tu vois, il n'y a rien que Dieu ne puisse faire.»

Quand Marie entendit cela, elle sut qu'elle pouvait avoir toute confiance en Dieu: ce qu'il avait dit, il l'accomplirait.

Et si elle ne comprenait pas tout, cela n'avait aucune importance.

«Je ferai tout ce que Dieu voudra», répondit-elle.

«Son nom est Jean»

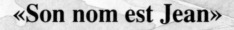

Dès qu'elle le put, Marie s'en alla rendre visite à sa cousine Elisabeth. C'était un long voyage, mais elle arriva enfin à la maison où habitaient Elisabeth et son mari Zacharie.

«J'ai tant de choses à te dire, il fallait que je vienne te voir», dit Marie; et elle se mit à raconter à sa cousine tout ce qui lui était arrivé. Mais à sa grande surprise Elisabeth était déjà au courant.

Puis elle se mit à son tour à raconter à Marie sa propre histoire! Et c'était aussi une histoire bien surprenante!

Elisabeth et Zacharie avaient depuis bien longtemps souhaité avoir un bébé. Ils en avaient parlé à Dieu dans leurs prières. Mais les années avaient passé et aucun bébé n'était né. Ils avaient vieilli et perdu tout espoir...

Mais un jour, Zacharie, qui était prêtre, dut partir pour le Temple de Jérusalem afin d'y remplir sa fonction.

(Car c'était à son tour de participer aux cultes. Le sort le désigna pour entrer dans le Temple et offrir le parfum sur l'autel.)

Pendant qu'il était seul devant l'autel, Gabriel, l'ange-messager de Dieu, s'approcha de lui et lui dit:

«N'aie pas peur, Zacharie, Dieu m'a envoyé pour te dire qu'il a entendu les prières que vous lui avez adressées pour avoir un bébé. Toi et Elisabeth, vous aurez un fils, et vous l'appellerez Jean.

Quand il sera grand, il vous donnera beaucoup de joie car Dieu l'a choisi pour annoncer au peuple l'arrivée de son Roi et pour aider le peuple à se préparer pour l'accueillir.»

Zacharie ne crut pas ce que lui disait l'ange: lui et Elisabeth étaient bien trop vieux pour avoir un bébé!

«Puisque tu n'as pas cru à ce que Dieu te disait, reprit l'ange, tu seras muet jusqu'à ce que la promesse de Dieu s'accomplisse.»

Quand Zacharie eut terminé ce qu'il avait à faire au Temple, il rentra chez lui mais il ne pouvait plus parler. Terriblement inquiète, Elisabeth se demanda ce qui pouvait bien lui être arrivé. Zacharie dut s'expliquer... par écrit!

«Dieu a tenu sa promesse, dit Elisabeth à Marie.

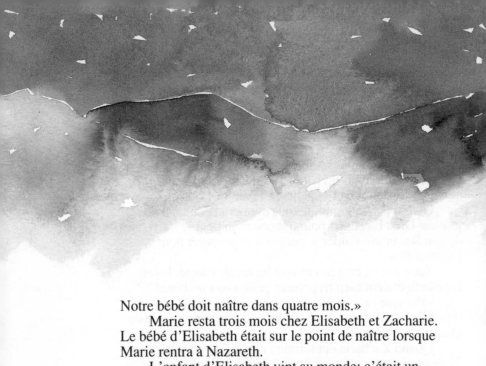

Notre bébé doit naître dans quatre mois.»

Marie resta trois mois chez Elisabeth et Zacharie. Le bébé d'Elisabeth était sur le point de naître lorsque Marie rentra à Nazareth.

L'enfant d'Elisabeth vint au monde: c'était un garçon. Toute sa famille et ses amis se réjouirent: enfin Elisabeth avait son bébé! Puis chacun se mit à discuter du nom qu'il fallait donner au bébé. Tous pensaient qu'il fallait l'appeler Zacharie, comme son père, mais Elisabeth refusa: «Non, il s'appellera Jean.»

«Mais il n'y a personne qui s'appelle Jean dans notre famille!» s'étonnèrent-ils. Et se tournant vers Zacharie, ils lui demandèrent comment devait s'appeler le bébé. Alors Zacharie prit la tablette dont il se servait pour écrire, et, à leur grande surprise, il écrivit:

«Son nom est Jean.»

Au même moment, il retrouva la voix, et put de nouveau parler. Bien sûr, la première chose qu'il fit, fut de remercier Dieu d'une voix claire et forte pour son petit garçon!

Le Roi qui vint au monde dans une étable

Joseph le charpentier était très troublé. Marie, la jeune fille qu'il aimait, attendait un bébé. Mais ce n'était pas son bébé à lui, car ils n'étaient pas encore mariés. Il allait être obligé de rompre les fiançailles.

Mais, cette nuit-là, il fit un rêve. Dans ce rêve, un ange vint lui parler de la part de Dieu.

«Ne romps pas tes fiançailles avec Marie, lui dit l'ange. Elle n'a rien fait de mal. Dieu l'a choisie pour être la mère de son Fils – le Roi promis. Tu appelleras le bébé Jésus (le Sauveur), car il sauvera son peuple de toutes ses fautes contre Dieu.»

Quand Joseph se réveilla, il se sentit tout heureux et soulagé, c'était comme si un grand poids avait été enlevé de ses épaules. Peu lui importait maintenant ce que les gens pouvaient dire! Il allait épouser Marie et prendre soin d'elle et du bébé!

Peu de temps après, Auguste, l'empereur romain, publia un décret qui ordonnait à tous les habitants de l'empire Romain d'aller se faire inscrire dans la ville d'où était issue leur famille. Auguste voulait que tous les habitants de l'empire soient inscrits sur des listes pour pouvoir vérifier si tout le monde payait bien ses impôts.

La famille de Joseph descendait du roi David. Joseph dut donc aller à Bethléem où était né le roi David et Marie dut l'accompagner dans ce long voyage de cent trente kilomètres sur des pistes caillouteuses, à travers les collines. L'âne portait la nourriture, des vêtements chauds pour les nuits fraîches, et des habits pour le bébé qui devait naître d'un jour à l'autre.

Quand ils arrivèrent enfin à Bethléem, Marie était épuisée. Mais ils ne trouvèrent pas, dans tout le village,

la moindre chambre pour se reposer. L'auberge était bien
sûr déjà bondée de voyageurs. L'aubergiste eut pourtant
pitié d'eux et il leur proposa le seul endroit qui fût encore
disponible: l'étable.

Ce n'était pas le plus beau des endroits! Mais Marie
put au moins s'y reposer.

Ce fut cette nuit-là que naquit le bébé de Marie. Elle
l'enveloppa chaudement dans les vêtements qu'elle avait
préparés et elle le coucha dans une mangeoire où il
s'endormit.

Sur les collines qui entouraient la ville, des bergers
gardaient leurs troupeaux. La nuit était noire et tout était
tranquille; à peine entendait-on parfois ici et là un léger
bêlement de mouton.

Soudain, une lumière éblouissante aveugla les
bergers, au point qu'ils durent se protéger les yeux et ils

entendirent, comme sortant de cette lumière, la voix de
l'ange-messager de Dieu qui leur disait:

«N'ayez pas peur! Je suis venu vous annoncer – à
vous et au monde entier – une bonne nouvelle. Le
Sauveur – le Roi promis par Dieu – est né aujourd'hui à
Bethléem! Vous trouverez le bébé endormi dans une
crèche.»

Puis les bergers virent une nuée d'anges qui
chantaient tous à pleine voix les louanges de Dieu:

«Gloire à Dieu dans les cieux, que la paix soit avec
tous ceux qui l'aiment sur la terre.»

Les anges disparurent et le ciel redevint tout noir.

Les bergers se dirent alors:

«Allons à Bethléem voir ce qui est arrivé!»

Ils partirent en courant vers la ville; ils trouvèrent
Marie et Joseph dans l'étable de l'auberge, avec leur

bébé couché dans la mangeoire.

Ils surent alors que les anges avaient dit vrai.

Ils racontèrent à Marie et Joseph ce qui venait de leur arriver, puis ils repartirent vers leurs troupeaux en annonçant à tous ceux qu'ils rencontraient la naissance du bébé et en leur répétant ce que les anges leur avaient dit. Ils chantèrent tout le long du chemin pour remercier Dieu de tout ce qu'ils avaient vu. C'était une nuit qu'ils n'oublieraient jamais!

Des étrangers guidés par une étoile

Quand le bébé de Marie eut huit jours, on lui donna le nom de Jésus. Peu après, Joseph et Marie se rendirent au Temple de Jérusalem avec leur bébé comme le demandait la loi juive – pour présenter à Dieu leur premier fils.

A Jérusalem, vivait un vieillard plein de bonté nommé Siméon. Dieu lui avait promis qu'avant de mourir, il verrait le Roi promis.

Le jour où Marie et Joseph vinrent au Temple avec Jésus, Siméon se trouvait là, en même temps qu'eux! Il prit le bébé dans ses bras et remercia Dieu:

«Dieu a tenu sa promesse, dit-il. Maintenant, je mourrai content, car j'ai vu le Sauveur.»

Ce jour-là, il y avait aussi dans le Temple Anne, une vieille femme de quatre-vingt-quatre ans. Elle passait la plus grande partie de son temps dans le Temple à prier Dieu; elle aussi vit le bébé et remercia Dieu de l'avoir envoyé. Puis elle alla dans toute la ville annoncer que le Roi tant attendu était arrivé.

Marie et Joseph furent très étonnés de tout ce qui s'était passé au Temple. Ils retournèrent à Bethléem... où les attendait une nouvelle surprise.

Des étrangers venus de l'Orient – c'étaient des hommes qui observaient les étoiles – arrivèrent à Jérusalem et demandèrent autour d'eux:

«Pouvez-vous nous dire où se trouve le bébé qui vient de naître et qui sera le Roi des Juifs? Nous avons vu son étoile et nous sommes venus lui rendre hommage.»

Hérode, qui était roi en Israël à cette époque, convoqua les prêtres et tous ceux qui connaissaient bien la Loi de Dieu et leur demanda:

«Quand le Sauveur viendra, où naîtra-t-il?»

«A Bethléem, répondirent-ils. C'est ce qu'ont dit les prophètes de Dieu.»

Hérode dit aux étrangers:

«Partez donc à Bethléem à la recherche de cet

enfant, leur dit-il. Et quand vous l'aurez trouvé,
faites-le-moi savoir, afin que je puisse moi aussi aller le
voir et lui rendre hommage.» Mais Hérode voulait tuer
l'enfant Jésus, car il ne voulait pas d'un autre roi.

C'est ainsi que les étrangers arrivèrent à Bethléem
en suivant toujours l'étoile. Ils trouvèrent le bébé et sa
mère Marie dans l'une des maisons du village. Ils
ouvrirent alors leurs sacs et en sortirent des cadeaux. Et
quels cadeaux! Il y avait de l'or, de l'encens si odorant,
et une sorte de pommade parfumée qu'on appelait de la
myrrhe. Cadeaux étranges et somptueux pour un si petit
bébé!

Dans un rêve, Dieu avertit ces sages de ne pas
retourner chez le roi Hérode. Ils rentrèrent donc chez eux
par un autre chemin.

Lorsqu'ils furent partis, un ange apparut en rêve à Joseph et lui dit:

«Lève-toi vite, et pars immédiatement avec Marie et le bébé en Egypte. Vous n'êtes pas en sécurité ici car Hérode va se mettre à la recherche de Jésus pour le tuer. Tu resteras en Egypte jusqu'à ce que je te prévienne que le danger est passé.»

174

Joseph ne perdit pas de temps. Il réveilla Marie,
ensemble ils empaquetèrent rapidement quelques
vêtements, les affaires du bébé, et les outils de Joseph. Il
faisait encore nuit lorsqu'ils prirent la route poussiéreuse
qui menait, à travers le désert, vers l'Egypte... L'Egypte,
où bien des siècles auparavant, un autre Joseph avait fait
venir sa famille pour lui sauver la vie.

Hérode fut furieux lorsqu'il comprit que les sages
s'étaient joués de lui. C'était un homme cruel qui
comptait beaucoup d'ennemis. Il vivait dans la crainte
qu'on ne l'assassine pour lui prendre son trône. Pour être
sûr que ce bébé-roi ne devienne jamais un homme il
envoya ses soldats à Bethléem en leur ordonnant de tuer
tous les petits garçons de moins de deux ans: le roi
Hérode ne voulait prendre aucun risque.

Personne à Bethléem n'oublia jamais cette horrible
journée, et le roi Hérode fut plus que jamais haï par toute
la population.

Peu après, Hérode mourut. L'ange apparut de
nouveau en rêve à Joseph. Il lui annonça qu'il pouvait
retourner chez lui sans crainte. Joseph, Marie et Jésus
rentrèrent alors à Nazareth.

Marie n'oublia jamais Siméon et Anne, les bergers
et les sages. Elle pensait souvent aux choses
merveilleuses qui s'étaient produites lors de la naissance
de Jésus.

Les années passèrent et Jésus grandit. Il devint un
garçon vigoureux à l'esprit éveillé. Dieu l'aimait, et tous
ceux qui le connaissaient l'aimaient aussi.

Un jeune garçon dans le Temple

Chaque année, au printemps, Joseph et Marie allaient à Jérusalem pour la fête de la Pâque. Lorsqu'il eut douze ans, Jésus accompagna ses parents et il se mêla aux groupes de voyageurs qui marchaient joyeusement vers Jérusalem.

Ces journées de fête si animées et si agitées s'achevèrent et il fut bientôt temps de songer à retourner à la maison. Marie et Joseph repartirent avec tous ceux de Nazareth, mais Jésus ne les avait pas suivis.

Les enfants couraient autour d'eux tantôt à l'avant, tantôt à l'arrière, aussi Marie et Joseph ne remarquèrent-ils l'absence de Jésus que le soir venu. Aucun de leurs amis ne l'avait vu!

Marie et Joseph ne purent fermer l'œil cette nuit-là, tant ils étaient inquiets. Le lendemain matin, ils retournèrent à Jérusalem pour chercher leur fils. Ils le cherchèrent toute la journée et finirent par le retrouver... dans le Temple! Il écoutait ceux qui enseignaient les lois de Dieu et il leur posait des questions. Tous ceux qui l'entendaient étaient stupéfaits de son intelligence.

«Pourquoi nous as-tu fait cela? lui demanda Marie. Ton père et moi étions si inquiets!»

Jésus parut presque surpris de leur question.

«Mais ne saviez-vous pas qu'il fallait que je sois ici, dans la maison de mon Père?»

Ses parents furent déconcertés par sa réponse. Ils avaient oublié que Jésus n'était pas un petit garçon comme les autres, et que Dieu était son Père.

Ils retournèrent donc à Nazareth et Jésus leur fut toujours très obéissant.

«L'homme qui annonçait la venue du Roi»

Zacharie aidait souvent son petit garçon à apprendre et à comprendre les Ecritures – c'est-à-dire les lois de Dieu et l'enseignement des prophètes. Il le préparait ainsi dès son enfance au travail pour lequel Dieu l'avait choisi.

Quand il fut un peu plus âgé, Jean s'en alla vivre dans le désert. Il portait des vêtements faits de poils de chameau, et avait autour de la taille une ceinture de cuir. Il mangeait des sauterelles et du miel sauvage. Une fois adulte, il commença à prêcher et à enseigner. De grandes foules venaient écouter cet homme étrange qui parlait

avec une telle puissance.

«Le Roi choisi par Dieu va bientôt venir, annonçait-il. Etes-vous sûrs d'être prêts pour sa venue? Changez de conduite, et Dieu vous pardonnera.»

Jean n'hésitait pas à dire ce qu'il pensait: il dénonçait sans crainte le mal là où il le voyait, et après l'avoir entendu, beaucoup de gens voulaient vraiment changer et mener une vie meilleure.

Alors, Jean les emmenait vers le Jourdain – le fleuve principal d'Israël – et il les «baptisait» dans l'eau: en se faisant plonger dans l'eau, ils voulaient dire qu'ils abandonnaient leur passé pour commencer une nouvelle vie toute propre. Quand ils lui demandaient ce qu'ils devaient faire, Jean répondait:

«Partagez votre nourriture avec ceux qui ont faim et, si vous avez plus de vêtements qu'il ne vous en faut, donnez-les à ceux qui n'en ont pas.»

Les foules commencèrent à se demander si Jean n'était pas par hasard le Roi promis par Dieu. Mais Jean leur dit:

«Je suis celui qui vient avant le Roi pour vous annoncer sa venue – le Roi est bien plus grand que moi!»

Jésus quitta Nazareth pour aller voir son cousin Jean. Jean savait que Jésus était le Roi promis par Dieu.

«Pourquoi est-ce toi qui es venu vers moi? lui demanda-t-il. C'est moi qui ai besoin d'être rendu pur, pas toi!»

Mais Jésus voulut malgré tout que Jean le baptise. Au moment où il sortit de l'eau, il entendit une voix qui disait:

«Tu es mon Fils bien-aimé, tu fais toute ma joie!»

La mise à l'épreuve

Après cela, Jésus passa quarante jours, tout seul, dans le désert. Quand il fut affaibli par la faim, Satan – l'ennemi de Dieu – voulut mettre Jésus à l'épreuve. Il essaya, par tous les moyens, de le faire désobéir à Dieu car si Jésus avait désobéi à Dieu son Père, il n'aurait pas pu remplir sa mission.

«Puisque tu as faim, change ces pierres en pain!» lui suggéra Satan. Mais Jésus refusa.

«Mets-toi à genoux, adore-moi et je te donnerai toutes les richesses du monde.»

Jésus refusa à nouveau:

«Dieu a dit que nous devions l'adorer lui, et lui seul», répondit-il.

Satan essaya toutes ses ruses, mais en vain: rien ne put faire désobéir Jésus. A la fin de ces quarante jours, Jésus rentra chez lui. Il était désormais prêt pour le travail qui l'attendait.

Jésus ne revint pas seul en Galilée: ses premiers disciples l'accompagnaient déjà.

Il y avait André, Pierre, son frère, qu'André avait amené à Jésus. André et Pierre étaient des pêcheurs de la mer de Galilée. Il y avait Philippe qui habitait la même ville qu'eux et Nathanaël que Philippe avait conduit vers Jésus.

Arrivé en Galilée, Jésus abandonna l'atelier de charpentier où il avait travaillé car son véritable travail allait bientôt commencer. Dieu avait confié à Jésus un message qu'il devait annoncer au peuple.

«Nous vivons une époque exceptionnelle, disait-il. Le Règne de Dieu, son Royaume est ici. Détournez-vous de tout ce qui est mal et croyez à la Bonne Nouvelle que Dieu vous annonce!»

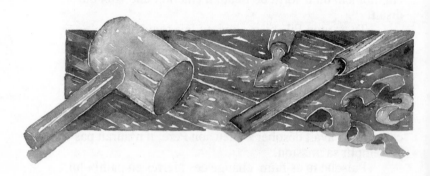

Mais chez lui, à Nazareth, les gens refusèrent de l'écouter.

«Pour qui se prend-il, ce charpentier? murmuraient-ils. Il veut enseigner et il n'a même pas étudié!»

Lorsqu'il prit la parole dans la synagogue – la synagogue était l'endroit où l'on instruisait les jeunes garçons pendant la semaine, et où se déroulaient, le jour du sabbat (le samedi), les cérémonies du culte – on le jeta dehors.

Alors Jésus quitta Nazareth, et s'en alla dans les villes et les villages de la région, où des foules entières avaient envie de l'entendre.

Jésus assiste à un mariage

Un jour il y eut un mariage à Cana, en Galilée. La mère de Jésus y était pour aider à servir. Jésus et ses amis avaient aussi été invités. Voilà qu'au beau milieu de la fête, il manqua du vin! Marie alla le dire à Jésus.

Il y avait dans la maison six énormes jarres d'eau qui servaient aux ablutions – en effet, la loi juive exigeait que l'on se lave avant de manger – mais elles étaient presque vides.

«Remplissez-les!» ordonna Jésus. Et les serviteurs les remplirent à ras bord.

«Maintenant versez un peu d'eau dans une coupe et apportez-la à celui qui est responsable du repas.» Quand celui-ci y eut trempé les lèvres, il dit au marié:

«Tout le monde sert d'abord le bon vin et garde le vin ordinaire pour plus tard. Mais toi tu as gardé le meilleur vin pour la fin!»

L'eau s'était changée en vin! Ce fut le premier miracle de Jésus. Jésus montrait ainsi sa puissance, mais aussi qu'il était le Fils de Dieu. Et ses disciples crurent en lui.

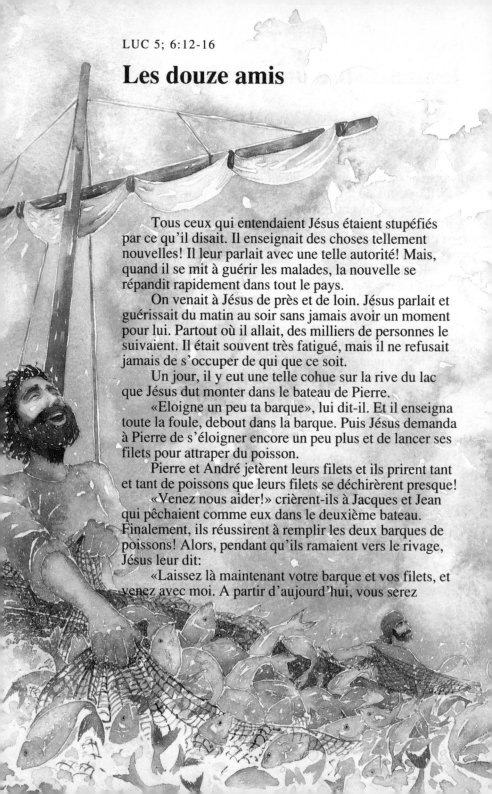

Les douze amis

Tous ceux qui entendaient Jésus étaient stupéfiés par ce qu'il disait. Il enseignait des choses tellement nouvelles! Il leur parlait avec une telle autorité! Mais, quand il se mit à guérir les malades, la nouvelle se répandit rapidement dans tout le pays.

On venait à Jésus de près et de loin. Jésus parlait et guérissait du matin au soir sans jamais avoir un moment pour lui. Partout où il allait, des milliers de personnes le suivaient. Il était souvent très fatigué, mais il ne refusait jamais de s'occuper de qui que ce soit.

Un jour, il y eut une telle cohue sur la rive du lac que Jésus dut monter dans le bateau de Pierre.

«Eloigne un peu ta barque», lui dit-il. Et il enseigna toute la foule, debout dans la barque. Puis Jésus demanda à Pierre de s'éloigner encore un peu plus et de lancer ses filets pour attraper du poisson.

Pierre et André jetèrent leurs filets et ils prirent tant et tant de poissons que leurs filets se déchirèrent presque!

«Venez nous aider!» crièrent-ils à Jacques et Jean qui pêchaient comme eux dans le deuxième bateau. Finalement, ils réussirent à remplir les deux barques de poissons! Alors, pendant qu'ils ramaient vers le rivage, Jésus leur dit:

«Laissez là maintenant votre barque et vos filets, et venez avec moi. A partir d'aujourd'hui, vous serez pêcheurs d'hommes!»

Les amis de Jésus n'étaient pas tous pêcheurs. Un jour, Jésus vit Matthieu, un percepteur d'impôts, assis à son bureau.

«Suis-moi», lui dit Jésus. Et Matthieu le suivit! Des hommes comme Matthieu collectaient les impôts des Juifs et les donnaient aux Romains. Ils s'enrichissaient souvent car ils réclamaient aux Juifs beaucoup plus d'argent qu'ils n'auraient dû. Tout le monde les détestait et les méprisait: ce qui n'avait rien d'étonnant.

Matthieu organisa une fête chez lui en l'honneur de Jésus. Les responsables religieux furent très choqués de voir que Jésus y allait.

«Comment peut-il fréquenter des gens pareils?» s'étonnaient-ils. Mais Jésus leur dit:

«Je suis comme un médecin. Je m'occupe donc des malades. Je suis venu pour ramener ces hommes et ces femmes vers Dieu.»

Le soir, lorsque chacun rentrait chez soi, Jésus partait souvent vers les collines, et là dans un endroit isolé, il réfléchissait et priait. Il priait parfois toute la nuit. Après l'une de ces longues nuits de prière, il choisit, parmi tous ses fidèles disciples, douze hommes: ces douze hommes seraient désormais ses meilleurs amis.

C'étaient Pierre et André, Jacques et Jean, Philippe, Barthélemy (l'autre nom de Nathanaël), Matthieu, Thomas, Jacques (fils d'Alphée), Simon, Jude et Judas Iscariot (qui devait le trahir plus tard).

Désormais, ces douze hommes – les apôtres – accompagnèrent Jésus partout. Ce furent ses amis les plus intimes et il fut leur maître. Ils virent toutes les choses extraordinaires qu'il accomplit. Il leur expliqua pourquoi il les accomplissait, et pourquoi Dieu l'avait envoyé.

Jésus enseigne en plein air

Le jour du sabbat, Jésus enseignait dans les synagogues. Mais la plupart du temps, il enseignait dehors, car en Israël les étés sont longs, chauds et secs. Sur les collines qui entourent la mer de Galilée, il y avait toute la place nécessaire pour les foules qui venaient l'écouter. Jésus s'asseyait sur l'herbe, ses disciples s'installaient autour de lui et l'écoutaient.

Il parlait du bonheur.

«Vous croyez que les riches sont heureux parce

qu'ils ont tout ce qu'ils désirent? disait-il. Vous vous trompez!»

Il regardait alors ses disciples: ils étaient pauvres, certains avaient même faim. Mais tout leur appartiendrait parce qu'ils faisaient partie du Royaume de Dieu.

«Vous qui êtes pauvres, vous êtes heureux, disait Jésus, car le Royaume de Dieu vous appartient!

Vous qui avez faim maintenant, vous êtes heureux, car vous serez rassasiés!

Vous qui pleurez maintenant, vous êtes heureux, car vous rirez!

Vous que les hommes haïssent et rejettent parce que vous êtes mes amis, vous êtes heureux, car une grande récompense vous attend dans le ciel!»

Et Jésus, les voyant étonnés, dit encore:

«Ne passez pas votre vie à amasser de l'argent ou à acheter beaucoup de choses: on pourrait vous voler! Amassez-vous plutôt un trésor pour le ciel, là où personne ne pourra vous le prendre. Choisissez: ou vous passez votre vie à vous enrichir, ou vous faites ce que Dieu désire. Vous ne pouvez pas faire les deux à la fois.

Vous vous faites du souci pour savoir ce que vous allez porter. Mais la vie est bien plus que la nourriture ou les vêtements. Regardez les oiseaux qui volent au-dessus de vos têtes, Dieu prend soin d'eux... et il prend soin de vous bien plus encore!

Regardez autour de vous. Voyez comment Dieu habille les fleurs sauvages! Le grand roi Salomon lui-même n'avait pas de vêtements aussi beaux que les leurs. Faites ce que Dieu vous demande, et il vous donnera tout ce dont vous avez besoin.»

Ce que Dieu demande

Jésus se servait souvent d'images pour qu'on comprenne ce qu'il disait:

«Vous êtes comme le sel, disait-il. Le sel donne du goût aux aliments et les empêche de se gâter. Vous aussi vous devez empêcher le monde que Dieu a créé de pourrir, et vous devez aussi lui redonner bon goût.

Vous êtes comme des lampes. Faites briller votre vie dans l'obscurité. Et quand on verra ce que vous faites de bien, on remerciera Dieu.»

Il leur disait aussi comment Dieu veut que ses enfants vivent:

«Vous connaissez les lois de Dieu qui sont dans la Bible, disait-il, mais vous ne les observez pas. Il vous est demandé de ne pas tuer, mais moi je vous dis que se mettre en colère, au point d'avoir envie de tuer quelqu'un, est tout aussi mal.

Vous croyez qu'il est juste de se venger quand on vous a fait du mal: œil pour œil, dent pour dent. Mais Dieu veut que son peuple aime ses ennemis et qu'il leur rende le bien pour le mal.

Il n'est pas facile de suivre le chemin de Dieu. C'est un sentier difficile et la porte qui ouvre la voie est étroite. Mais pour me suivre il faut la franchir.»

La prière de Jésus

«Quand vous aidez quelqu'un, n'en parlez pas à tout le monde et ne vous en vantez pas. Ne priez pas pour qu'on vous remarque ou pour impressionner ceux qui vous écoutent. Allez dans un endroit tranquille et parlez à Dieu comme à un père. Ne lui demandez pas sans arrêt la même chose, car il connaît vos besoins.

Voilà comment vous devez prier:
Notre Père qui es dans le ciel,
Que ton nom soit toujours respecté,
Que ton Règne vienne,
Que ta volonté soit faite sur la terre comme elle est faite au ciel,
Donne-nous aujourd'hui la nourriture dont nous avons besoin,
Pardonne-nous le mal que nous avons fait, comme nous pardonnons aux autres le mal qu'ils nous ont fait,
Ne nous mets pas à l'épreuve,
mais garde-nous à l'abri du mal.»

Deux hommes bâtissent une maison

Jésus avait parlé pendant longtemps. Il termina par cette histoire: «Deux hommes décidèrent un jour de se bâtir chacun une maison.

Le premier, qui était un homme intelligent,

construisit sa maison sur un rocher solide. La pluie tomba, le vent souffla, et il y eut une inondation mais sa maison résista parce qu'elle était construite sur un roc. Si vous écoutez ce que je vous dis et si vous m'obéissez, vous êtes comme cet homme.

Le second, qui était un homme stupide, construisit sa maison sur du sable: les fondations se firent sans mal! Mais lorsque la pluie tomba et le vent souffla, il y eut une inondation, et sa maison s'écroula dans un grand fracas! Si vous écoutez ce que je vous dis, mais que vous refusez de m'obéir, vous êtes aussi stupides que cet homme.»

L'homme paralysé

«Avez-vous entendu parler du Prophète de Nazareth? On dit qu'il peut guérir toutes sortes de maladies.»

A cette époque-là où seuls les riches pouvaient se permettre d'aller consulter un médecin, les nouvelles de ce genre se répandaient très vite.

Jésus pouvait guérir toutes les maladies du corps ou de l'esprit: aucune ne lui résistait. Quand les foules virent ce qu'il faisait, ils commencèrent à croire à ce qu'il disait.

Il y avait dans la ville de Capharnaüm un homme qui était paralysé. Ses amis étaient persuadés que Jésus

pourrait le guérir, mais cet homme ne pouvait pas bouger. Quatre de ses amis le chargèrent alors sur leurs épaules et le portèrent vers Jésus, allongé sur sa natte.

Mais la foule était si nombreuse autour de la maison où Jésus parlait, que personne ne pouvait y entrer. Les quatre amis eurent alors l'idée de transporter le malade sur le toit plat de la maison en passant par l'escalier extérieur, puis ils firent un trou dans le toit de torchis et de plâtre qui recouvrait les poutres, et ils descendirent leur ami par cette brèche.

Jésus leva les yeux, vit les quatre hommes; il fut touché par leur amour pour ce malade et par leur foi profonde!

«Tes péchés te sont pardonnés», dit Jésus au malade.

«Mais il n'y a que Dieu qui puisse pardonner les

péchés! Pour qui se prend-il?» murmurèrent les docteurs de la Loi.

«Qu'est-ce qui est plus facile? leur demanda Jésus, guérir la paralysie ou pardonner les péchés? Ce que j'ai dit, je l'ai dit pour que vous sachiez que Dieu m'a donné le pouvoir de faire les deux: pardonner et guérir.»

Puis, il dit au malade:

«Lève-toi, prends ta natte et rentre chez toi.»

Et c'est ce qu'il fit à la joie de ses amis!

La tempête

Ce soir-là, le lac était calme et paisible... Jésus et ses disciples montèrent dans une barque pour le traverser. Jésus était si fatigué qu'il ne tarda pas à s'endormir.

Soudain, un vent violent se mit à souffler. Le lac devint houleux sous l'effet des grosses vagues et la barque se trouva secouée. Les disciples avaient de plus en plus de mal à ramer... et Jésus continuait de dormir.

La tempête redoubla de violence. Les vagues déferlèrent sur le bateau qui commença à prendre l'eau. Les disciples étaient des pêcheurs qui avaient essuyé bien des tempêtes au cours de leur vie. Mais il semblait bien que maintenant rien ne puisse plus les sauver. Comment Jésus pouvait-il dormir dans ce tumulte?

Ils le secouèrent pour le réveiller.

«Réveille-toi! Réveille-toi! crièrent-ils. Nous allons nous noyer!»

Jésus se dressa face au vent qui hurlait et aux vagues qui le menaçaient et dit: «Cela suffit, calmez-vous!»

Et le calme revint!

Puis Jésus se tourna vers ses disciples et leur demanda:

«Où est votre foi?»

Ils ne répondirent pas. Ils avaient eu peur de la tempête et maintenant ils avaient un peu peur de Jésus. Il avait l'air d'un homme comme les autres, et pourtant le vent et les vagues lui obéissaient!

«Qui est-il vraiment?» se demandèrent-ils l'un à l'autre.

Visite à Jérusalem

Chaque année, au printemps, Jésus se rendait à Jérusalem pour la fête de la Pâque.

Le visiteur discret

Nicodème enseignait lui aussi: il avait beaucoup entendu parler de Jésus et aurait bien voulu le voir. Mais comme il ne voulait pas être vu, il vint voir Jésus après la tombée de la nuit.

«Nous savons que tu as été envoyé par Dieu, commença-t-il, car personne ne pourrait faire les choses extraordinaires que tu fais sans l'aide de Dieu.»

Jésus lui dit:

«Tu es un grand maître. Tu veux plaire à Dieu, c'est bien. Mais pour cela, être bon ne suffit pas. Il faut que tu naisses de nouveau pour entrer dans le Royaume de Dieu.»

«Que veux-tu dire?» demanda Nicodème.

«Tu as besoin, lui expliqua Jésus, de prendre un nouveau départ, de commencer une nouvelle vie, et cette nouvelle vie c'est celle que je suis venu apporter. Tu vois, Dieu aime tellement le monde qu'il lui a envoyé son Fils. Tous ceux qui mettent leur confiance en moi peuvent avoir cette nouvelle vie.»

Dehors, il faisait sombre mais, dans la pièce où parlaient Jésus et Nicodème, la lampe brillait.

«La lumière de Dieu brille dans le monde, reprit Jésus. Mais les gens préfèrent vivre dans le noir, parce que le mal qu'ils font se voit trop bien à la lumière.»

La femme qui puisait de l'eau

Quelques jours plus tard, Jésus et ses amis reprirent le chemin de la Galilée. La route était longue et le soleil ardent. Vers midi, ils arrivèrent près de la petite ville de Sychar, en Samarie, et les amis de Jésus allèrent acheter à manger. Jésus s'assit près du puits pour se reposer. Il avait soif et aurait volontiers bu un peu d'eau fraîche, mais le puits était trop profond.

Au même moment une femme samaritaine arriva près du puits. A cette époque, les Juifs n'adressaient pas la parole aux Samaritains, à plus forte raison n'auraient-ils jamais voulu boire dans le même récipient qu'eux.

La femme fut donc très surprise lorsqu'elle entendit Jésus lui demander à boire.

«Si tu savais ce que Dieu peut te donner, et qui je suis, lui dit-il, tu lui demanderais de l'eau qui donne la vie et tu n'aurais plus jamais soif.»

«J'aimerais lui en demander, lui répondit-elle, comme cela, je n'aurais plus besoin de venir au puits. Mais où est cette eau? Tu n'as même pas de seau!»

«Tu ne me comprends pas, lui expliqua Jésus. Je ne parle pas d'une eau ordinaire qu'on peut boire. Je parle d'une nouvelle vie, la vie que je suis venu apporter.»

Jésus et cette femme ne s'étaient jamais rencontrés auparavant. Mais, à sa grande surprise, la femme s'aperçut que Jésus savait tout d'elle. Elle en fut tellement bouleversée, qu'oubliant sa cruche près du puits, elle courut à la ville annoncer cette nouvelle:

«Venez voir cet homme! Ne serait-ce pas le Roi que Dieu nous a promis?»

Les amis de Jésus qui, dans l'intervalle, étaient revenus avec leur nourriture, virent bientôt toute une foule se précipiter vers eux!

«La récolte est mûre et prête pour la moisson», dit Jésus en la regardant s'approcher.

Jésus resta dans cette ville pendant deux jours. Après avoir entendu son message, beaucoup de Samaritains crurent qu'il était vraiment le Roi envoyé par Dieu pour sauver le monde.

Contestation à propos du sabbat

Les gens du peuple aimaient Jésus. Certains quittèrent même leur travail et leur famille pour le suivre.

Jésus avait beaucoup d'amis, mais il ne tarda pas à avoir aussi des ennemis, car certains des chefs religieux et de ceux qui enseignaient la Loi étaient jaloux de lui.

Un jour de sabbat, Jésus et ses amis se promenaient à travers champ. Comme ils avaient faim, ils arrachèrent quelques épis de blé et les mangèrent. Les pharisiens – une secte religieuse très stricte qui était extrêmement fière de son obéissance parfaite à toute la loi juive – furent scandalisés.

«Vous désobéissez à la Loi! leur firent-ils remarquer. Arracher des épis, c'est du travail, et il est interdit de travailler le jour du sabbat.»

«Vous avez tort de condamner des gens qui ne sont coupables de rien», répondit Jésus.

Jésus se rendit ensuite vers la synagogue toute proche. Il y avait là un homme qui avait une main paralysée. Tout le monde se demandait si Jésus allait le guérir car cela aussi était du «travail».

«Qu'est-ce que notre Loi nous permet de faire pendant le sabbat? demanda Jésus. Permet-elle d'aider ou de faire du mal? Permet-elle de sauver la vie d'un homme ou de la détruire? Si un de vos moutons tombait dans un puits le jour du sabbat, ne le sauveriez-vous pas? Les hommes n'ont-ils pas plus d'importance que les moutons?»

«Etends ta main», dit-il à l'homme. Il l'étendit et sa main fut guérie.

Une autre fois, Jésus vit à Jérusalem un homme couché sur sa natte au bord d'une piscine appelée

Béthzatha. Ce malheureux était malade depuis trente-huit ans!

«Veux-tu être guéri? lui demanda Jésus. Alors lève-toi, prends ta natte et marche!»

Comme cela se passait un jour de sabbat, ce pauvre homme eut des ennuis avec les autorités juives parce qu'il portait sa natte! Les pharisiens allèrent trouver Jésus, mais il leur répondit:

«Dieu est toujours au travail, et moi aussi, il faut que je travaille!»

Cette réponse rendit les pharisiens furieux car non seulement ils croyaient que Jésus n'obéissait pas à la Loi, mais, en plus, Jésus se prenait pour Dieu!

L'anniversaire du roi Hérode

Jean-Baptiste vivait des jours bien sombres. Le roi Hérode Antipas avait renvoyé sa femme pour pouvoir épouser Hérodias, la femme de son demi-frère Philippe. Jean lui avait alors dit clairement qu'il avait mal agi et Hérode avait fait jeter Jean-Baptiste en prison. Hérodias voulait la mort de Jean, mais Hérode avait peur de le tuer, car il savait que c'était un homme bon.

Puis le roi Hérode fêta son anniversaire, et Hérodias vit là l'occasion d'arriver à ses fins. Au cours de la fête, la fille d'Hérodias dansa pour les invités et Hérode fut si ravi de ce spectacle qu'il lui promit de lui donner tout ce qu'elle demanderait... Jusqu'à la moitié de son royaume!

«Demande-lui la tête de Jean, sur un plateau!» lui ordonna sa mère, et la jeune fille obéit.

Hérode fut consterné. Il avait fait une promesse stupide et il fallait bien maintenant qu'il la tienne, sinon qu'auraient pensé tous ses invités? Il envoya donc un garde à la prison et Jean eut la tête coupée.

Quand les amis de Jean-Baptiste apprirent sa mort, ils vinrent chercher son corps et l'enterrèrent. Puis ils allèrent raconter à Jésus ce qui s'était passé.

Croire... et pardonner

Les Juifs détestaient les soldats romains; pourtant les Romains n'étaient pas tous méchants. L'officier romain de Capharnaüm par exemple se montrait bienveillant envers les habitants de la ville. Il leur avait même fait construire une synagogue, avec son argent.

Or, le serviteur de cet officier était mourant. L'officier envoya des amis juifs demander à Jésus de bien vouloir le guérir.

«Ce Romain est un homme qui a bon cœur, expliquèrent-ils à Jésus. Il aime notre peuple. Aide-le, nous t'en prions.»

Jésus accepta de les accompagner, mais avant qu'il n'arrive chez l'officier, celui-ci envoya à sa rencontre des messagers pour lui dire: «Je n'ose te demander de venir jusque chez moi. Donne seulement un ordre, et mon serviteur sera guéri. Je suis un soldat, j'ai l'habitude de donner des ordres, et d'obéir aussi.»

En entendant cela, Jésus fut tout étonné et dit:

«Je n'ai jamais rencontré une foi comme la foi de cet homme, même parmi les Juifs!»

Lorsque les messagers furent de retour chez l'officier, ils trouvèrent le serviteur guéri. Jésus avait répondu à la demande du soldat romain.

Quelque temps plus tard, Jésus fut invité à dîner par Simon le pharisien. Ils étaient allongés pour manger autour de la table, selon la coutume, lorsqu'une femme entra sans y être invitée. Elle portait un flacon rempli de parfum et elle pleurait.

Elle s'approcha si près de Jésus que ses larmes mouillèrent ses pieds: elle les sécha avec ses longs cheveux puis les parfuma.

Simon ne savait plus où se mettre. Cette femme avait mauvaise réputation! Comment Jésus pouvait-il la laisser faire?

Jésus, qui savait bien ce que pensait Simon, lui dit:

«Simon, quand on remet une dette à quelqu'un, qui sera le plus reconnaissant: celui qui avait une grosse dette ou celui qui avait une petite dette?»

La réponse était simple.

«Vous avez tous besoin que Dieu vous pardonne quelque chose. Mais ce sont ceux à qui Dieu pardonne le plus (comme cette femme) qui l'aiment le plus.»

Puis Jésus dit à la femme:

«Tes péchés sont pardonnés. Ta foi t'a sauvée. Va en paix.»

Le bon berger

Quand Jésus parlait, tout le monde écoutait. Même les enfants se tenaient tranquilles, dans l'attente d'une histoire, car Jésus racontait souvent des histoires (qu'on appelle aussi des paraboles) pour se faire mieux comprendre. Lorsqu'il avait quelque chose de difficile à expliquer, Jésus les racontait pour que les gens y pensent et y repensent et, si vraiment ils désiraient le suivre, ils découvraient le vrai sens de ses histoires.

Il disait souvent: «Si vous avez des oreilles, écoutez.» Il voulait dire par là: «réfléchissez bien et essayez de comprendre.»

Jésus disait: «Un homme avait cent brebis, mais l'une d'elles s'éloigna et se perdit... que fit alors le berger? Il laissa les quatre-vingt-dix-neuf autres qui ne risquaient rien et partit à la recherche de celle qui était perdue.

Il s'arrêtait souvent pour écouter s'il ne l'entendait pas bêler.

Il fouilla tous les endroits où sa brebis aurait pu se perdre, tomber ou se blesser. Il se moquait bien de sa fatigue ou du temps qui passait... Il poursuivit sa recherche jusqu'à ce qu'il retrouve enfin sa brebis perdue!

Il la prit sur ses épaules et la ramena à la maison. Puis il appela tous ses amis et leur dit:

«Venez, fêtons ensemble cet événement! car j'ai retrouvé ma brebis qui était perdue.» Et Jésus concluait:

«Dans le ciel, il règne la même joie quand des hommes et des femmes retournent vers Dieu. Je suis venu chercher et ramener à la maison ceux qui se sont perdus loin de Dieu.»

«Je suis le bon berger, disait Jésus, et le bon berger ne quitte jamais son troupeau. Il lui trouve de l'herbe bien verte et le conduit près de l'eau. Il connaît chacune de ses brebis, et il ne s'enfuit pas quand un loup les attaque. Les brebis suivent leur berger parce qu'elles connaissent sa voix.»

«Ceux qui me suivent me connaissent et ont confiance en moi. Je les conduis et je les protège. Je donne ma vie pour eux.»

Vivante et guérie

Un jour Jaïrus, l'un des chefs de la synagogue de la ville, vint supplier Jésus de venir à son secours:

«Ma petite fille est très malade, dit-il. Je crois qu'elle va mourir. Viens vite.»

Jésus se mit en route pour aller chez Jaïrus et toute une foule le suivit.

Dans la foule se trouvait une femme qui, depuis douze ans, n'avait cessé de consulter des docteurs, sans qu'aucun n'ait été capable d'arrêter la maladie qui l'épuisait. Jésus était son dernier espoir.

«Si seulement j'arrivais à toucher ses vêtements, se disait-elle, je serais guérie, j'en suis sûre!» Et, dès qu'elle fut assez proche pour le faire, elle toucha son manteau. A l'instant même elle fut guérie.

«Qui a touché mon manteau?» demanda Jésus.

La femme s'avança toute tremblante et avoua ce qu'elle avait fait.

«Ta foi t'a guérie, lui dit Jésus. Va en paix.» Au même moment, des hommes arrivèrent de chez Jaïrus, et lui dirent:

«Ce n'est plus la peine de déranger le Maître: ta fille est morte!»

«N'aie pas peur, dit Jésus à Jaïrus, crois seulement, et ta fille sera guérie.»

Lorsqu'ils arrivèrent à la maison, tout le monde pleurait, criait et se lamentait parce que la petite fille était morte.

«Ne pleurez pas, leur dit Jésus. Elle n'est pas morte, elle est simplement endormie.» Puis il se dirigea vers la chambre de l'enfant, accompagné de Pierre, Jacques et Jean, et des parents de la petite fille.

Jésus prit sa main et lui dit:

«Lève-toi!»

Et aussitôt elle se leva!

«Donnez-lui à manger», ajouta Jésus.

Le père et la mère de l'enfant restèrent un instant abasourdis devant ce qui venait de se passer, mais très vite, ils furent remplis de joie en voyant devant eux leur petite fille vivante et guérie.

Le Royaume de Dieu

Jésus est venu offrir à chacun une vie nouvelle dans le Royaume de Dieu. Dieu lui-même en est le Roi. Dans son Royaume, il n'y aura plus ni péché, ni mort. Mais ce Royaume existe déjà maintenant! Jésus a décrit le Royaume de Dieu par de nombreuses histoires.

Le semeur

«Un jour, un paysan alla semer son blé, commença Jésus. Comme il lançait ses graines à la volée, certaines tombèrent sur le sentier et les oiseaux vinrent aussitôt les picorer. D'autres graines tombèrent sur un sol caillouteux où la couche de terre était très mince, et la chaleur du soleil tua les jeunes plants qui n'avaient pas assez de racines. D'autres encore tombèrent dans les chardons et les mauvaises herbes, qui les étouffèrent rapidement. Enfin, une partie des graines tomba dans la bonne terre et produisit beaucoup de blé.»

Jésus donna ensuite l'explication de son histoire:

«Cette histoire est l'histoire du message de Dieu et de ceux qui l'écoutent: le méchant peut venir arracher de leur cœur ce qu'ils viennent d'entendre, ou, après l'avoir écouté avec joie, les auditeurs peuvent le rejeter dès que surviennent les premières difficultés; ils peuvent aussi laisser les soucis ou l'amour de l'argent étouffer le message qu'ils ont entendu. Ils peuvent enfin, après l'avoir entendu, le comprendre vraiment, comme la bonne terre qui reçoit la semence, et leur vie prouve alors qu'ils ont pris au sérieux le message de Dieu.»

Les mauvaises herbes

Voici une autre histoire que Jésus racontait:

«Un jour, un fermier laboura sa terre et y sema du blé. La semence était très bonne, mais le paysan avait un ennemi. Pendant que tout le monde dormait, cet ennemi vint et sema de la mauvaise herbe au milieu du blé. Personne ne s'en aperçut jusqu'au moment où les graines se mirent à sortir de terre et à pousser.

"Devons-nous arracher les mauvaises herbes?" demandèrent les serviteurs à leur maître.

"Non, répondit le fermier, car nous risquons d'arracher en même temps le blé. Laissons-les pousser ensemble jusqu'à la moisson. A ce moment-là nous arracherons les mauvaises herbes et nous les brûlerons, puis nous rentrerons le blé dans ma grange."»

Quand la foule fut rentrée chez elle, les amis de Jésus lui demandèrent de leur expliquer cette histoire.

«Je suis le semeur, dit Jésus, et le champ, c'est le monde. Les épis de blé, ce sont les gens qui appartiennent à Dieu; les mauvaises herbes, ce sont ceux qui appartiennent à l'ennemi de Dieu, à Satan, le méchant. La moisson aura lieu à la fin des temps.»

La graine de moutarde

«Un jour, un homme prit une minuscule graine de moutarde, et la planta dans son champ. Cette graine était tellement petite qu'on aurait dit un grain de poussière. Mais cette petite graine grandit et elle devint bientôt une grande plante. Cette plante continua de pousser et elle devint un grand arbre: les oiseaux construisirent même leur nid dans ses branches.

Tout comme la graine de moutarde, le Royaume de Dieu grandit et grandit sans cesse...»

Le trésor caché

«Un jour, un homme découvrit un trésor en bêchant un champ. Il fut, bien sûr, très content, mais le champ ne lui appartenait pas. Alors, il cacha à nouveau le trésor et s'en alla vendre tout ce qu'il possédait pour pouvoir acheter le champ: et le trésor fut à lui!

Faites tout pour être sûr que le Royaume de Dieu vous appartient!»

La perle

«Il était une fois un marchand qui achetait et qui vendait des perles. Un jour un homme vint lui proposer une très belle perle: sa taille et sa finesse étaient extraordinaires! Le marchand comprit qu'il ne serait pas heureux tant qu'il ne posséderait pas cette perle. Il vendit donc tout ce qu'il avait et acheta la perle merveilleuse.

Comme cette perle, le Royaume de Dieu est plus précieux que toute autre chose au monde.»

La foule affamée

Une foule nombreuse était venue écouter Jésus mais maintenant, le soleil se couchait, et chacun avait faim.«Il faut envoyer la foule pour qu'elle aille s'acheter à manger», dirent les amis de Jésus.

«Non, leur répondit Jésus. Il faut que nous leur donnions nous-mêmes à manger. Combien de pains avez-vous?»

André, le frère de Pierre, dit:

«Il y a là un petit garçon qui a cinq pains d'orge et deux petits poissons. Mais cela ne suffira jamais!»

«Faites asseoir tout le monde sur l'herbe», dit Jésus.

Il y avait là à peu près 5000 personnes. Jésus prit les pains et les poissons du petit garçon et remercia Dieu pour ces aliments, puis ses amis commencèrent la distribution... A leur grande stupéfaction, il y eut assez à manger pour tout le monde.

Le lendemain, Jésus leur parla d'un autre pain:

«Je suis le pain de vie. Venez à moi, et je vous donnerai tout ce qu'il vous faut pour vivre cette nouvelle vie que je suis venu vous apporter.»

Sur la montagne

Des milliers de personnes avaient entendu l'enseignement de Jésus. Elles avaient aussi vu les choses extraordinaires qu'il avait accomplies.

«Qui dit-on que je suis?» demanda un jour Jésus à ses douze amis.

«Certains disent que tu es Jean-Baptiste revenu d'entre les morts, d'autres pensent que tu es l'un des prophètes», lui répondirent-ils.

«Mais vous, qu'en pensez-vous? Qui croyez-vous que je suis?»

Pierre répondit au nom de tous, avec beaucoup d'assurance:

«Tu est le Roi promis, le Fils du Dieu vivant.»

Jésus fut heureux d'entendre la réponse de Pierre. Maintenant il allait pouvoir parler à ses amis de certaines choses qui allaient lui arriver.

«Bientôt, leur dit-il, il faudra que j'aille à Jérusalem. Là, on refusera de voir en moi le Roi envoyé par Dieu.

On me tuera. Mais trois jours après, je serai de nouveau vivant.»

Environ une semaine plus tard, Jésus emmena Pierre, Jacques et Jean avec lui sur une montagne pour prier.

Pendant qu'ils étaient là-haut, l'aspect de Jésus changea: son visage et ses vêtements devinrent éblouissants. Deux autres personnages éclatant de lumière arrivèrent et se mirent à parler avec lui. C'étaient Moïse et le prophète Elie. Ils parlèrent avec Jésus de sa mort prochaine.

Les trois amis s'étaient endormis. Quand ils se réveillèrent et qu'ils virent cette scène, ils eurent très peur.

Alors un nuage vint les recouvrir et du nuage une voix se fit entendre:

«Celui-ci est mon Fils: écoutez-le!»

Et ils se retrouvèrent seuls sur la montagne avec Jésus.

Les deux fils

Il n'y avait pas que des gens respectables qui venaient écouter Jésus. Venaient aussi des hommes et des femmes à qui personne n'aurait voulu adresser la parole: Jésus les accueillait aussi bien que les autres. Les pharisiens lui reprochaient d'ailleurs ses «mauvaises» fréquentations. Jésus leur raconta alors cette histoire.

«Un homme qui avait deux fils. Un jour le plus jeune alla demander à son père sa part d'héritage. Son père la lui donna et le fils quitta la maison. Il s'en alla à l'étranger où il passa tout son temps à dépenser son argent.

Au moment où il dépensait ses dernières pièces, une famine survint là où il se trouvait, et il n'eut plus rien à manger. Il réussit à se faire embaucher dans une ferme qui faisait l'élevage de cochons. Il avait tellement faim qu'il aurait mangé les cosses de haricots qu'il devait donner aux cochons!

"C'est trop bête, pensa-t-il. Les ouvriers de mon père ne peuvent même pas manger tout ce qu'on leur donne et moi, ici je meurs de faim! Je vais retourner à la maison. Je dirai à mon père à quel point je regrette tout ce que j'ai fait. Je ne suis pas digne d'être son fils, mais peut-être voudra-t-il bien de moi comme ouvrier!"

Il prit donc le chemin du retour. Son père le vit

arriver de loin et courut à sa rencontre. Il le serra dans ses bras et l'embrassa très fort!

"Apportez-lui des vêtements neufs! cria-t-il à ses serviteurs. Nous allons donner une grande fête en son honneur. Je croyais que mon fils était mort, mais il est vivant!"

Quand le fils aîné rentra à la maison, il se mit en colère!

"Comment? moi, j'ai travaillé pour toi pendant des années et des années, et tu n'as jamais donné une fête en mon honneur, dit-il à son père. Et voilà que tu prépares une fête pour ce bon-à-rien!"

"Mais tu sais bien que tout ce que j'ai t'appartient, lui expliqua son père. Il faut bien fêter le retour de ton frère et se réjouir, car il était perdu, et maintenant il est retrouvé."»

Les questions des pharisiens

Les pharisiens et les chefs religieux étaient jaloux de Jésus, mais ils avaient peur de lui. Ils lui tendaient souvent des pièges en lui posant des questions difficiles.

Le bon Samaritain

«Maître, lui demanda un jour un de ces pharisiens, que dois-je faire pour recevoir la vie nouvelle?»

«Que dit la Loi de Dieu?» interrogea Jésus.

«Elle dit qu'il faut aimer Dieu de tout son cœur, de tout son esprit et de toute sa force, répondit le pharisien. Elle dit aussi qu'il faut aimer son prochain autant que nous nous aimons nous-mêmes.»

«C'est exact», lui dit Jésus.

«Mais qu'est-ce que ça veut dire? continua l'homme. Qui est mon prochain?»

Alors Jésus lui raconta cette histoire.

«Il était une fois un homme qui allait de Jérusalem à Jéricho. Des bandits l'attaquèrent dans un endroit désert, lui prirent tout son argent et l'assommèrent. Peu après, un prêtre passa par là. Il vit l'homme allongé par terre, mais ne fit rien pour l'aider. Il passa de l'autre côté de la route et continua son chemin.

Puis un homme qui enseignait la Loi de Dieu survint. Il alla jeter un coup d'œil sur l'homme blessé, mais ne l'aida pas non plus.

Enfin, un Samaritain qui suivait la même route vit le blessé et s'arrêta. Il lava soigneusement ses blessures, lui mit des pansements, puis il l'installa sur son âne et l'emmena à l'auberge la plus proche. Le lendemain, comme il devait continuer son chemin, il donna de l'argent à l'aubergiste en lui disant:

"Soigne-le bien et si jamais tu dépenses plus que

cette somme, je te rembourserai quand je reviendrai."»

Jésus se tourna vers l'homme qui avait posé la question et lui demanda:

«Dis-moi, lequel de ces trois hommes a été le véritable prochain de l'homme qui était blessé?»

«Celui qui a été bon envers lui.»

«Alors va, et fais comme lui», conclut Jésus.

Les pharisiens et les percepteurs d'impôts

Jésus raconta cette autre histoire à l'intention de ceux qui se croient supérieurs aux autres.

«Deux hommes allèrent au Temple de Dieu pour prier. L'un était pharisien, et l'autre percepteur d'impôts.

Le pharisien se mit à prier:

"Je te remercie, ô Dieu, de ce que je ne suis pas attaché à l'argent comme certaines autres personnes. Merci aussi parce que je ne suis pas un voleur, comme celui-là, là-bas. Moi, j'obéis à toute ta Loi et je te donne même le dixième de tout ce que je gagne."

Le percepteur d'impôts, lui, baissait la tête, dans son coin, tellement il avait honte de lui et priait:

"O Dieu, aie pitié de moi, je suis un pécheur!"

Je vous le dis, déclara Jésus, ce fut le percepteur d'impôts et non le pharisien qui rentra chez lui en règle avec Dieu. Car tous ceux qui se donnent de l'importance seront rabaissés. Et tous ceux qui se sentent misérables seront relevés.»

Jésus et les enfants

Les gens amenèrent leurs enfants à Jésus pour qu'il prie pour eux, mais les amis de Jésus essayaient de les en empêcher. Jésus leur dit alors:

«Laissez venir vers moi ces petits enfants, ne les en empêchez pas. Le Royaume de Dieu appartient à ceux qui leur ressemblent. Tous ceux qui veulent entrer dans le Royaume de Dieu doivent venir à Dieu comme de petits enfants.»

Marthe, Marie et Lazare

Quand Jésus allait à Jérusalem, il logeait souvent chez ses amis Marthe, Marie et leur frère Lazare, car ils habitaient Béthanie à cinq kilomètres seulement de Jérusalem.

Marthe était une excellente ménagère. Marie l'était beaucoup moins, et quand Jésus leur rendait visite, il lui arrivait d'oublier son travail pour l'écouter, ce qui agaçait Marthe.

«Dis à Marie de venir m'aider», demandait-elle à Jésus.

Mais Jésus lui répondait:

«Repose-toi, Marthe, repose-toi. Tu te fais bien trop de soucis. Marie a raison de m'écouter.»

Un jour, les deux sœurs envoyèrent un message à Jésus:

«Lazare est très malade.»

Elles s'attendaient à ce qu'il vienne immédiatement. Mais non!...

Jésus resta même deux jours de plus dans la ville où il était. C'est là qu'il apprit que Lazare venait de mourir.

Enfin Jésus dit à ses douze amis: «Allons-y.»

Quand Jésus arriva à Béthanie, il y avait déjà quatre jours que Lazare était dans son tombeau. Marthe vint à sa rencontre.

«Si seulement tu avais été là, mon frère ne serait pas mort», lui dit-elle.

«Il va revenir à la vie», lui affirma Jésus.

«Je suis la résurrection et la vie, lui dit Jésus. Celui qui croit en moi vivra, même s'il meurt.»

Marthe alla dire à Marie que Jésus la demandait, et Marie courut vers lui en pleurant.

«Si seulement tu avais été là, mon frère ne serait pas mort», dit-elle à Jésus, comme Marthe venait de le faire.

Quand Jésus vit ses larmes, et les larmes de tous leurs amis et voisins, il pleura lui aussi. Et tous ceux qui l'entouraient virent à quel point il avait aimé Lazare.

Jésus se rendit au tombeau accompagné des parents, amis et voisins de Marthe et Marie.

«Enlevez la pierre qui ferme l'entrée», ordonna-t-il.

Marthe protesta.

«Il y a quatre jours qu'il est là-dedans. Son corps doit sentir mauvais!»

«Ne t'ai-je pas dit que si tu croyais, tu verrais la gloire de Dieu?» lui rappela Jésus.

Il pria, puis il dit d'une voix forte:

«Lazare, sors!»

Et Lazare sortit, enveloppé de bandelettes de la tête aux pieds, car c'est ainsi qu'on était enterré à cette époque.

«Enlevez-lui ses bandelettes, et laissez-le aller», dit Jésus.

Ceux qui avaient assisté à la scène reconnurent que Jésus leur avait été envoyé par Dieu et ils crurent en lui. Mais quand les pharisiens et les chefs religieux de Jérusalem apprirent ce qui venait de se passer, ils décidèrent de se réunir pour tenir conseil:

«Si nous ne faisons pas immédiatement cesser tout cela, dirent-ils, tout le peuple va croire en Jésus. Les Romains s'imagineront alors que nous voulons nous révolter et ils nous détruiront tous.»

A partir de ce jour, ils cherchèrent un moyen de tuer Jésus.

Sur le chemin de Jérusalem

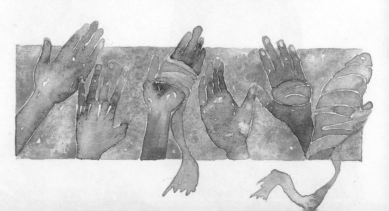

Jésus se rendit à Jérusalem pour la dernière fois. Il était accompagné de ses amis et, à l'entrée d'un village, ils rencontrèrent dix hommes.

Ces hommes souffraient d'   terrible maladie de peau qui leur avait rongé les mains et le visage. Par peur de la contagion, on les avait obligé à quitter leur famille et à aller vivre seuls en dehors du village.

Ils vivaient craintifs et misérables. Ils n'osaient pas s'approcher de Jésus. Mais ils crièrent:

«Aie pitié de nous!»

Quand Jésus les vit, il leur dit:

«Allez voir le prêtre et demandez-lui de vous examiner. (La Loi leur interdisait en effet de rentrer chez eux avant que le prêtre ne les ait déclarés guéris.)

Pendant qu'ils y allaient, leur peau redevint normale et ils se retrouvèrent complètement guéris!

L'un d'entre eux, un Samaritain, retourna immédiatement vers Jésus pour le remercier. Les autres furent bien trop pressés de rentrer chez eux pour y penser.

«N'y-a-t-il pas eu dix hommes de guéris? demanda Jésus. Où sont donc les neuf autres? Pourquoi cet étranger est-il le seul à être revenu remercier Dieu?»

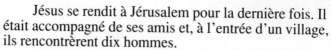

Bartimée, l'aveugle

Bartimée habitait Jéricho. Comme il était aveugle, il ne pouvait pas travailler et il était obligé, pour vivre, de mendier chaque jour sa nourriture et un peu d'argent, assis dans la poussière de la route.

Un jour, Jésus vint à Jéricho. Bartimée entendit le bruit d'une grande foule qui s'approchait sur la route.

«Qu'est-ce que c'est? Qu'est-ce que c'est? demanda-t-il. Dites-moi ce que vous voyez!»

«C'est Jésus, lui répondit-on. Il vient par là.»

Bartimée était aveugle mais il n'était pas muet! Il se mit aussitôt à crier:

«Jésus, aie pitié de moi!»

Jésus s'arrêta et l'appela. L'aveugle se leva d'un bond, jeta son manteau et s'approcha.

«Que veux-tu que je te fasse?» lui demanda Jésus.

«Je voudrais voir», répondit Bartimée.

«Tu verras, lui dit Jésus. Ta foi t'a guéri.»

Aussitôt, Bartimée retrouva la vue. Il vit Jésus! Et joyeusement il se joignit à la foule qui le suivait.

Zachée

Le chef des percepteurs d'impôts de Jéricho s'appelait Zachée. C'était un homme très riche.

Il aurait voulu voir Jésus, mais la foule qui l'entourait l'en empêchait, car il était très petit. Zachée était sur le point de renoncer lorsqu'il eut une idée. Comme il connaissait le chemin qu'allait emprunter Jésus, il courut à l'avant et grimpa dans un arbre; la vue était excellente!

Jésus passa juste sous son arbre. Il leva alors les yeux et dit à Zachée:

«Descends, Zachée. Aujourd'hui, je vais m'arrêter dans ta maison.»

Zachée pouvait à peine en croire ses oreilles!

Pouvoir accueillir Jésus dans sa maison; quel bonheur!

Et depuis ce jour-là, Zachée ne fut plus jamais le même. Il décida de donner la moitié de son argent aux pauvres, et de dédommager au quadruple ceux qu'il avait trompés.

Le Roi fait son entrée à Jérusalem

Jésus était maintenant tout près de Jérusalem où il voulait fêter la Pâque. Il dit à deux de ses amis:

«Allez au prochain village. Vous y trouverez un âne attaché que personne n'a jamais monté. Détachez-le et amenez-le-moi. Si on vous demande ce que vous faites, dites que c'est moi qui vous ai envoyés.»

Les deux hommes ramenèrent le petit âne à Jésus et aidèrent Jésus à s'y installer.

Dans Jérusalem, la foule grossissait d'heure en heure, mais dès que les gens apprirent que Jésus approchait, ils sortirent de la ville pour aller à sa rencontre. Les uns jetaient leur manteau par terre en guise de tapis devant lui. D'autres jonchaient le sol de branches de palmier.

«Voici le Roi que Dieu nous envoie», criaient-ils. «Gloire à Dieu!»

C'est ainsi que Jésus fit son entrée dans la ville,

acclamé comme un Roi – mais un roi de paix.

Il se dirigea vers le Temple, mais quand il y vit les vendeurs de pigeons – les pigeons servaient pour les sacrifices – et les changeurs de monnaie – il fallait une monnaie spéciale pour le Temple – il entra dans une grande colère! Tous ces gens volaient ceux qui venaient adorer Dieu.

«Le Temple de Dieu est un lieu de prière, s'écria-t-il. Mais vous, vous en avez fait une caverne de voleurs!»

Là-dessus, il renversa leurs tables et leurs étals.

Les prêtres étaient plus furieux que jamais. Il fallait absolument arrêter Jésus; mais comment y arriver sans déclencher d'émeute parmi le peuple qui l'aimait?

Le dernier repas et la trahison

Deux jours avant la fête de Pâque, Judas Iscariot, l'un des amis de Jésus, alla trouver les chefs des prêtres. Judas était un mauvais disciple: il lui arrivait de voler ses amis. Mais maintenant, il voulait trahir Jésus.

«Je vous conduirai vers lui quand il sera seul, loin de la foule», promit-il aux prêtres, et ceux-ci lui donnèrent trente pièces d'argent pour prix de la trahison.

Ce soir-là, avant qu'ils ne s'assoient tous pour manger, Jésus prit une serviette, versa de l'eau dans un bassin et se mit à laver les pieds de ses amis.

C'était là un travail de serviteur. Pierre fut très choqué, mais Jésus lui dit:

«Considérez-vous comme serviteurs les uns des autres, tout comme moi je vous ai servis.»

Jésus savait qu'il ne lui restait plus beaucoup de temps à passer avec eux... Il allait bientôt mourir, et avait l'air très triste.

«L'un de vous va me trahir», leur dit-il enfin.

Ils le regardèrent, effrayés, et pendant quelques instants, ils restèrent muets de stupeur. Puis Jean qui était assis à côté de Jésus, lui murmura:

«Qui te trahira?»

«Celui qui prendra ce morceau de pain trempé dans le plat», répondit Jésus.

Judas prit le morceau de pain.

«Va et fais ce que tu as à faire», lui dit Jésus.

Judas sortit dans la nuit sombre.

Puis Jésus se mit à parler pendant longtemps à ses amis qui n'oublièrent jamais ce qu'il leur dit cette nuit-là. Il leur dit à quel point il les aimait... au point de mourir pour eux.

«Je ne vous laisserai pas seuls, continua-t-il. Dieu vous enverra son Esprit, et son Esprit restera toujours avec vous pour vous aider. Je vais retourner auprès de Dieu pour vous préparer une place là-haut. Ensuite je reviendrai et je vous prendrai avec moi. Ne vous inquiétez pas et ne vous effrayez pas.»

Jésus prit alors du pain, remercia Dieu de le leur

avoir donné et le partagea entre eux tous.

«Ceci est mon corps, leur dit-il. Mon corps sera brisé. Ce sera pour vous que je mourrai.»

Puis il prit une coupe de vin, remercia Dieu à nouveau, et il les invita à boire tous dans la coupe.

«Ceci est mon sang, répandu pour beaucoup de gens. Grâce à ma mort, une paix nouvelle va régner entre Dieu et son peuple.»

Quand ils eurent fini de manger, ils sortirent pour aller dans un jardin planté d'oliviers; ce jardin s'appelait Gethsémané.

Trahi

En chemin, Jésus essaya d'expliquer à ses amis ce qui allait arriver.

«Dans quelques heures à peine, leur dit-il, vous vous sauverez tous et vous me laisserez tout seul.»

«Jamais de la vie!» s'écria Pierre.

Mais Jésus lui dit:

«Avant que le coq ne chante, demain à l'aube, tu auras répété trois fois que tu ne me connais pas.»

«Plutôt mourir!» répliqua Pierre.

Et tous les amis de Jésus dirent la même chose. Quand ils furent arrivés à Gethsémané, Jésus emmena avec lui Pierre, Jacques et Jean. Les autres s'assirent par terre et s'endormirent:

«Venez avec moi et ne vous endormez pas», dit Jésus à ses trois amis.

Jésus était très troublé. Ils s'avancèrent sous les arbres, puis Jésus s'agenouilla pour prier.

«Père, dit-il, si c'est possible, épargne-moi cette mort. Mais c'est ta volonté que je veux faire.»

Il répéta cette prière trois fois. Entre chaque prière, il retournait vers Pierre, Jacques et Jean mais à chaque fois il les trouva endormis, car ils étaient très fatigués.

Lorsqu'il les réveilla pour la troisième fois, ils entendirent un bruit de voix. Des gens approchaient, des torches brillaient entre les arbres. De nombreuses personnes armées d'épées et de bâtons et conduites par Judas, venaient arrêter Jésus.

«L'homme que j'embrasserai sera celui que vous cherchez», avait dit Judas aux soldats.

Judas s'approcha donc de Jésus, l'embrassa et aussitôt les gardes l'entourèrent; Jésus ne chercha ni à s'échapper, ni à résister.

Jésus se tourna vers les chefs des prêtres et leur demanda:

«Pourquoi êtes-vous venus avec des épées et des bâtons, comme si j'étais un criminel?»

Ils ne lui répondirent pas. Alors il fut empoigné brutalement et emmené. Tous ses amis s'enfuirent et l'abandonnèrent.

Condamné à mort

Jésus fut emmené chez le grand-prêtre. Pierre les suivait à distance prudente. On avait fait du feu au milieu de la cour et les gardes s'y réchauffaient; Pierre se glissa parmi eux.

Une jeune servante qui passait par là le vit et lui dit: «Toi aussi, tu étais avec Jésus de Nazareth.»

«Non, non!» répondit Pierre qui s'éloigna aussitôt. Mais la servante insista et répéta à ceux qui se réchauffaient:

«Il faisait partie de ceux qui suivaient Jésus.»

«Non, je ne l'ai jamais suivi», affirma Pierre.

Quelques minutes plus tard, un de ceux qui se trouvaient là remarqua l'accent de Pierre et lui dit:

«Tu viens de la Galilée, toi. Tu connais certainement ce Jésus.»

«Je te jure que je ne l'ai jamais rencontré», répondit Pierre, qui tremblait de peur.

Au même instant, un coq se mit à chanter; Pierre se souvint alors de ce que Jésus lui avait dit. Il sortit et éclata en sanglots.

Il faisait encore nuit quand les serviteurs du grand-prêtre étaient allés convoquer les membres du tribunal. Ils connaissaient le verdict: la mort, mais ils voulaient que l'affaire ressemble à un vrai jugement; ils firent donc venir des témoins, mais ils se contredirent tous.

228

«Tu entends ce dont on t'accuse; pourquoi ne te défends-tu pas?» lui dit le grand-prêtre.

Jésus ne répondit rien.

Le grand-prêtre lui demanda alors de lui dire sous serment si oui ou non il était le Roi et le Fils de Dieu.

«Oui. Je le suis, répondit Jésus, et vous me verrez tous aux côtés de Dieu, lorsque je reviendrai du ciel sur les nuées...»

«Vous avez tous entendu ce qu'a dit le prisonnier, déclara le grand-prêtre. Nous n'avons plus besoin d'autres témoins. Il se prend pour Dieu: c'est un blasphème! N'est-il pas coupable?»

«Coupable!» s'écrièrent-ils tous d'une seule voix et ils le condamnèrent à mort. Mais pour exécuter la sentence, les Juifs devaient demander l'accord du gouverneur romain. Tôt le matin, ils emmenèrent donc Jésus chez Ponce Pilate.

Quand Judas apprit que Jésus avait été condamné à mort, il regretta amèrement ce qu'il avait fait. Il alla trouver les chefs des prêtres et leur jeta les pièces d'argent qu'ils lui avaient données. Puis il sortit et alla se pendre.

Jésus comparut devant le gouverneur romain Ponce Pilate. Là, les prêtres juifs l'accusèrent de trahison parce qu'ils savaient que Pilate n'accepterait jamais de condamner un homme à mort pour un blasphème.

«Il prétend être Roi», dirent-ils.

Pilate questionna Jésus et, l'interrogatoire terminé,

il ne trouva aucune raison de le faire mettre à mort. Jésus n'avait fait aucun mal. Or, la coutume voulait qu'à la Pâque, on rende la liberté à un prisonnier.

«Pour moi, cet homme n'est pas coupable, déclara Pilate aux Juifs. Je veux qu'il soit en liberté.»

Mais la foule, excitée par les prêtres, protesta et hurla:

«A mort! Crucifie-le!»

Devant le tumulte et le tapage qui allait grandissant, Pilate accepta de faire mourir Jésus à la place du brigand. Il avait trop peur qu'une émeute lui cause des ennuis avec l'empereur.

«Je ne suis pas responsable de la mort de cet homme, dit-il. C'est vous qui l'aurez voulue.»

Il fit ensuite fouetter Jésus et le livra à ses soldats pour qu'il soit crucifié. La crucifixion était une mise à mort horrible et lente que les Romains réservaient aux criminels.

Les soldats emmenèrent Jésus et s'amusèrent à le déguiser en roi en lui posant sur les épaules un manteau pourpre et sur la tête une couronne d'épines; puis ils se moquèrent de lui et lui crachèrent au visage. Enfin, ils lui enlevèrent le manteau et l'emmenèrent à travers les rues de la ville vers Golgotha, le lieu de l'exécution.

La croix

Ils obligèrent Jésus, pourtant affaibli par les coups de fouet, à porter les lourdes poutres de la croix, jusqu'au moment où il trébucha et s'écroula. Ils forcèrent alors un des passants à les porter à sa place. Cet homme s'appelait Simon.

A Golgotha, en dehors des murs de la ville, ils le clouèrent sur la croix.

Au-dessus de la tête de Jésus, se trouvait cette inscription: «Celui-ci est Jésus, le roi des Juifs.»

Pendu à la croix, Jésus souffrait beaucoup. Pourtant, il ne ressentait aucune haine pour ses bourreaux. Il pria même pour eux:

«Père, pardonne-leur, parce qu'ils ne savent pas ce qu'ils font.»

Certains se moquaient de lui et disaient:

«Si tu es vraiment le Fils de Dieu, sauve-toi toi-même!»

Deux brigands avaient été crucifiés avec Jésus, un de chaque côté. Le premier brigand se moquait de lui, mais le deuxième dit:

«Nous, nous méritons de mourir, mais cet homme n'a rien fait de mal. Souviens-toi de moi, Jésus, quand tu reviendras et que tu seras Roi.»

Jésus lui répondit:

«Je te promets qu'aujourd'hui même, tu seras avec moi au paradis.»

A midi, une ombre cacha le soleil, et pendant trois heures, il fit étrangement sombre.

«Oh, mon Dieu, pourquoi m'as-tu abandonné?» murmura Jésus.

Puis il poussa un grand cri:

«Tout est terminé», et il mourut.

Au même moment, le rideau du Temple se déchira du haut jusqu'en bas, et la terre trembla sous les pieds des soldats. Quelques heures auparavant, ils avaient tiré

au sort les vêtements de Jésus, maintenant ils étaient terrifiés.

«Cet homme était vraiment le Fils de Dieu!» dit l'un d'entre eux.

Pour être sûr qu'il était bien mort, l'un des soldats enfonça son épée dans le côté de Jésus. Puis ils descendirent son corps de la croix.

Un homme nommé Joseph, qui habitait Arimathée et qui suivait Jésus, alla trouver Pilate et lui demanda la permission d'emporter le corps de Jésus pour le mettre dans un tombeau. Pilate accepta. Joseph et Nicodème (le pharisien qui aimait Jésus) enveloppèrent le corps de Jésus dans de longues bandes de tissu imprégnées de myrrhe et d'autres épices.

Marie-Madeleine et les autres femmes, qui avaient suivi Jésus depuis la Galilée, accompagnèrent Joseph et le regardèrent déposer le corps de Jésus dans un nouveau tombeau – une grande cavité creusée dans le roc. Ils roulèrent enfin une lourde pierre devant l'entrée et partirent. Tout cela se passait le vendredi, et le sabbat commençait au coucher du soleil. Les femmes rentrèrent chez elles pour préparer les onguents et les aromates qu'elles mettraient sur le corps de Jésus quand le sabbat serait terminé.

Les chefs des Juifs demandèrent à Pilate de poster des gardes près du tombeau. Ils scellèrent ensuite solidement la pierre qui le fermait et les soldats vinrent monter la garde.

Jésus a vaincu la mort!

Le jour allait bientôt se lever, c'était dimanche...
Les premiers rayons du soleil brillaient dans le ciel,
quand la terre trembla. Un ange vint et roula la pierre qui
scellait le tombeau.

Lorsque les femmes arrivèrent avec leurs aromates,
elles trouvèrent la tombe ouverte et vide; le corps avait
disparu! Alors l'ange leur dit:

«N'ayez pas peur! Je sais que vous cherchez Jésus.
Mais il n'est plus ici. Il n'est plus mort, il est revenu à la
vie! Regardez, son corps était là. Allez vite le dire à ses
amis. Bientôt, vous le reverrez.»

Les amis de Jésus ne pouvaient pas croire ce que
leur racontaient les femmes! Mais Pierre et Jean allèrent
au tombeau pour se rendre compte par eux-mêmes de ce
qui s'était passé.

Jean, qui courait plus vite que Pierre, arriva le
premier. Il regarda à l'intérieur, mais n'entra pas. Quand

Pierre arriva, ils pénétrèrent ensemble dans le tombeau.

Ils virent les bandelettes qui avaient enveloppé le corps de Jésus. Ce que les femmes avaient dit était vrai! Jésus était vraiment revenu vivant d'entre les morts!

Les deux hommes rentrèrent chez eux. Mais Marie-Madeleine, qui les avait suivis, resta en pleurs près de la tombe. Elle n'arrivait pas à comprendre ce qui s'était passé. Soudain, elle aperçut un homme qu'elle prit pour le jardinier; elle lui dit:

«Si c'est toi qui l'as emporté, dis-moi, s'il te plaît, où je pourrais le trouver.»

Elle ne savait pas que c'était à Jésus qu'elle parlait!

Jésus lui dit simplement:

«Marie!»

A l'instant même, elle sut que c'était Jésus et elle fut remplie de joie.

«Dis à mes amis que tu m'as vu», lui dit Jésus.

Sur la route d'Emmaüs

Cléopas et un autre disciple de Jésus rentraient chez eux à Emmaüs, une ville proche de Jérusalem. Pendant qu'ils étaient en train de parler, un étranger les rejoignit.

«Pourquoi êtes-vous si tristes?» leur demanda-t-il.

«Tu es sans doute le seul à ne pas savoir ce qui s'est passé à Jérusalem ces derniers jours», lui répondit Cléopas.

«Eh bien, que s'est-il passé?» demanda Jésus.

«Il y avait un grand prophète qui s'appelait Jésus de Nazareth, raconta Cléopas. Nous pensions tous qu'il était le Roi que Dieu nous avait promis, mais ils l'ont tué vendredi dernier. Pourtant, ce matin, des femmes sont allées voir son tombeau, et elles ont affirmé que son corps avait disparu et qu'un ange leur avait annoncé que Jésus était vivant!»

«Pourquoi êtes-vous si tristes? leur demanda l'étranger. Ne savez-vous pas que les prophètes avaient annoncé tout cela?» Il se mit à leur expliquer ce qu'avaient dit les prophètes.

Quand ils furent arrivés à Emmaüs, ils invitèrent leur compagnon de route à entrer chez eux.

Quand le dîner fut prêt, le visiteur prit le pain et remercia Dieu pour le repas. C'est alors qu'ils le reconnurent: c'était Jésus! Mais à peine l'eurent-ils reconnu qu'il disparut.

Bouleversés, ils coururent à Jérusalem pour raconter à leurs amis ce qui venait de se passer.

Ce n'est pas un fantôme!

Les onze disciples étaient réunis avec d'autres amis de Jésus. Soudain Jésus apparut dans la pièce où ils se trouvaient. Ils furent d'abord effrayés, car ils pensaient voir un fantôme! Mais Jésus les rassura.

«Touchez-moi! leur dit-il. Les fantômes ne sont pas comme moi faits de chair et d'os.» Ils furent alors convaincus que ce n'était pas un esprit mais un véritable être vivant. Ils avaient pourtant encore du mal à croire que tout cela était vrai, tant ils étaient heureux de le revoir et de pouvoir à nouveau lui parler.

«Avez-vous quelque chose à manger?» leur demanda Jésus.

Ils lui donnèrent un peu de poisson et le regardèrent manger. Leurs derniers doutes s'évanouirent alors: c'était vraiment Jésus, réellement Jésus! Il était vivant!

Jésus leur expliqua que tout ce qui s'était passé faisait partie du merveilleux plan de Dieu. Il leur rappela ce qu'avaient dit à ce sujet la Loi de Dieu, les prophètes et les psaumes.

«Il fallait que le Roi envoyé par Dieu souffre et meure, avant de revenir à la vie, leur dit-il. La mort et le mal ont été vaincus. Maintenant, Dieu offre le pardon à tous ceux qui croient et qui s'approchent de lui pour recevoir une vie nouvelle. Voilà une bonne nouvelle pour le monde entier; et vous serez mes messagers!»

Le soir où ces choses arrivèrent, Thomas était absent; il refusa de croire ses amis.

«Si je ne vois pas les marques des clous dans ses pieds et si je ne touche pas la blessure de son côté, je ne pourrai jamais croire qu'il est vivant», dit-il.

Une semaine plus tard, ils étaient de nouveau réunis dans une pièce soigneusement fermée à clef, lorsque, soudain, Jésus apparut au milieu d'eux.

«Regarde les marques des clous dans mes mains, dit Jésus à Thomas. Touche la blessure que l'épée m'a faite au côté. Ne doute plus mais crois!»

Mais Thomas n'avait plus besoin de regarder ou de toucher; tous ses doutes avaient disparu!

«Mon Seigneur et mon Dieu!» murmura-t-il.

Sur la rive du lac

Les disciples retournèrent en Galilée.

«Je vais pêcher», dit un jour Pierre à ses amis.

«Nous venons avec toi», lui répondirent-ils.

Ils montèrent donc dans leurs barques et pêchèrent toute la nuit; mais ils n'attrapèrent rien. A l'aube, ils virent un homme sur la plage; c'était Jésus, mais ils ne le reconnurent pas.

«Avez-vous pris quelque chose?» leur cria l'homme.

«Rien du tout», répondirent-ils.

«Alors jetez de nouveau vos filets, et cette fois vous ferez une bonne pêche.»

Ils jetèrent leurs filets... et ils prirent tant de poissons qu'ils n'arrivaient même plus à les remonter!

«C'est Jésus!» dit Jean à Pierre.

Entre-temps, Jésus avait allumé le feu.

«Apportez quelques-uns des poissons que vous venez d'attraper! leur dit-il. Nous prendrons le petit déjeuner ensemble.»

Après le repas, Jésus demanda à Pierre:

«M'aimes-tu?»

«Oui, lui répondit Pierre. Tu sais que je t'aime.»

Par trois fois Jésus lui posa la même question; par trois fois Pierre répondit:

«Tu sais que je t'aime.»

«Alors, prends bien soin de mes amis», lui dit Jésus.

Du vent et des flammes

Jésus et ses amis se trouvaient sur le mont des Oliviers, près de Jérusalem. Il y avait maintenant presque six semaines que Jésus était ressuscité.

«Dans peu de temps, Dieu vous enverra son Esprit, leur dit Jésus. Cet Esprit vous aidera à dire sans crainte aux gens de Jérusalem, de Judée et de Samarie, et au monde entier, tout ce que j'ai fait. Annoncez-leur la Bonne Nouvelle!»

Après avoir dit cela, Jésus fut enlevé au ciel. Les disciples aperçurent alors à côté d'eux deux hommes habillés en blanc, qui leur dirent: «Jésus est retourné auprès de Dieu, mais un jour, il reviendra.»

Le jour de la Pentecôte, les amis de Jésus étaient réunis une fois de plus dans une maison à Jérusalem. Soudain, il y eut un grand bruit, comme si un vent violent s'était levé; des flammes de feu touchèrent tous ceux qui étaient là: Dieu avait envoyé son Esprit, comme Jésus l'avait promis. Ils se mirent alors à parler, non pas dans leur propre langue, mais dans des langues qu'ils n'avaient jamais apprises!

Ce jour-là, Jérusalem était remplie de Juifs venus de tous les pays pour célébrer la Pentecôte. Certains venaient d'Egypte et d'Afrique du Nord, d'autres de Perse, de Crète ou d'Arabie. A leur grande surprise, ils entendirent les amis de Jésus leur raconter dans leur propre langue les merveilles que Dieu avait faites.

Pierre prit alors la parole et dit:
«Laissez-moi vous parler de Jésus!»
Et il leur raconta tout ce Jésus avait dit et fait; il leur
parla de ses actions prodigieuses, de son enseignement
étonnant; il leur apprit comment Jésus avait été mis à
mort, et comment Dieu l'avait ramené à la vie.
«Vous avez fait une chose horrible, dit-il aux Juifs
rassemblés, vous avez crucifié le Roi que Dieu avait
promis de vous envoyer.»
«Mais que devons-nous faire?» demandèrent-ils.
«Demandez à Dieu de vous pardonner. Commencez
une vie nouvelle. Faites-vous baptiser au nom de Jésus,
et Dieu vous donnera son Esprit. Il sera pour toujours
avec vous et il vous aidera.»
Ce jour-là, à Jérusalem, trois mille personnes
acceptèrent la bonne nouvelle de Jésus!

Guérison... et menaces

Chaque jour, les amis de Jésus et les nouveaux chrétiens se réunissaient dans le Temple. Pierre et ses amis leur apprenaient beaucoup de choses sur Jésus. Ils mangeaient ensemble et partageaient entre eux tout l'argent qu'ils possédaient.

Un jour, Pierre et Jean allèrent au Temple pour prier. A la porte du Temple, ils rencontrèrent un homme qui était boiteux depuis sa naissance. Cet homme mendiait. Pierre s'approcha de lui et lui dit:

«Je n'ai pas d'argent. Mais je peux te donner

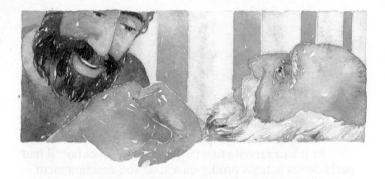

quelque chose. Au nom de Jésus, lève-toi et marche!»

Pierre lui tendit la main pour l'aider à se lever; l'homme sentit soudain ses pieds et ses chevilles se raffermir! Il pouvait marcher et même sauter!

«Merci, ô Dieu! Merci!» s'écriait-il. Tous ceux qui le voyaient étaient stupéfaits. Mais les prêtres – qui en voulaient déjà aux amis de Jésus parce qu'ils disaient à tout le monde que Jésus était revenu vivant d'entre les morts – se mirent vraiment en colère: voilà qu'ils se mettaient maintenant à faire marcher les boiteux! Et toute la ville ne parlait plus que de cela!

Ils envoyèrent des gardes arrêter Pierre et Jean et les deux hommes furent traînés devant le tribunal juif.

«Comment avez-vous fait pour guérir ce boiteux?» leur demandèrent les prêtres.

«C'est Jésus qui l'a guéri!» rectifièrent-ils.

«Ne prononcez plus jamais ce nom!» leur ordonnèrent-ils.

Pierre et Jean savaient que leur vie était en danger. Quelques semaines auparavant ils auraient été effrayés. Mais l'Esprit de Dieu était désormais avec eux.

«Vaut-il mieux faire ce que vous dites, ou ce que Dieu dit? dirent-ils courageusement. Nous ne pouvons pas nous empêcher de parler des choses que nous avons vues et entendues.»

Après les avoir encore menacés, le tribunal les remit en liberté. A peine relâchés, Pierre et Jean coururent chez leurs amis et là, ils prièrent... Ils ne demandèrent pas à Dieu de les protéger, mais bien plutôt de les aider à annoncer sans crainte la Bonne Nouvelle. Et Dieu les aida.

Etienne

Les gens venaient en foule écouter les amis de Jésus et beaucoup devenaient chrétiens. Ils vendaient alors ce qu'ils possédaient, et l'argent était partagé entre tous. Mais, comme il est difficile d'être parfaitement juste, des querelles éclataient parfois.

Les amis de Jésus décidèrent donc de choisir sept hommes pour s'occuper de ces questions – l'un de ces hommes s'appelait Etienne.

Un jour, les ennemis d'Etienne payèrent des gens pour l'accuser; ces gens allèrent dire partout:

«Nous avons entendu Etienne dire du mal de Dieu!»

Etienne fut traîné devant le tribunal juif. Là, il rappela aux membres du tribunal toute l'histoire d'Israël; il leur parla d'Abraham, de Jacob et de Joseph. Puis il en arriva à Moïse et à la rébellion des Israélites contre Dieu.

«Là-bas dans le désert, leur dit-il, vous avez refusé d'entendre le message de Dieu – et vous refusez encore et toujours de l'entendre – mais maintenant vous avez tué son Fils.»

Puis Etienne leva les yeux... et soudain son regard s'illumina:

«Je vois Jésus! s'exclama-t-il. Il est à côté de Dieu!»

C'en fut trop pour les membres du tribunal! ils se précipitèrent sur Etienne et le traînèrent hors de la ville. Là, ils le mirent à mort en lui jetant des pierres.

«Seigneur Jésus, s'écria Etienne, ne retiens pas ce crime contre eux!» Et il mourut.

Il y avait là un jeune homme nommé Paul qui avait observé toute la scène. Il n'avait pas lancé de pierre, mais

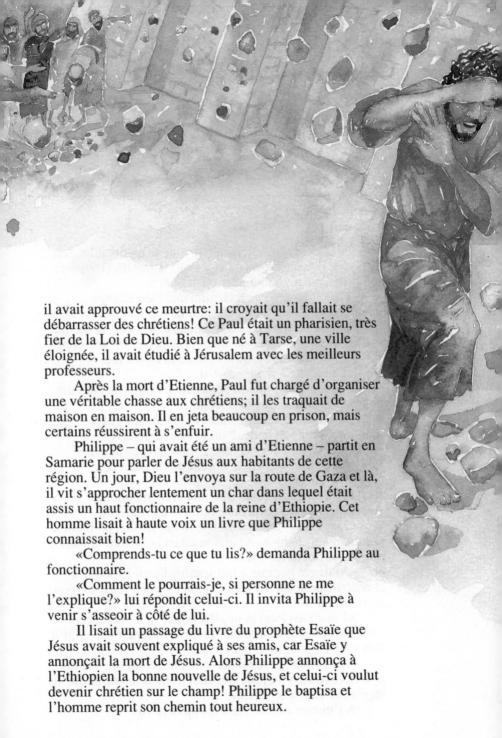

il avait approuvé ce meurtre: il croyait qu'il fallait se débarrasser des chrétiens! Ce Paul était un pharisien, très fier de la Loi de Dieu. Bien que né à Tarse, une ville éloignée, il avait étudié à Jérusalem avec les meilleurs professeurs.

Après la mort d'Etienne, Paul fut chargé d'organiser une véritable chasse aux chrétiens; il les traquait de maison en maison. Il en jeta beaucoup en prison, mais certains réussirent à s'enfuir.

Philippe – qui avait été un ami d'Etienne – partit en Samarie pour parler de Jésus aux habitants de cette région. Un jour, Dieu l'envoya sur la route de Gaza et là, il vit s'approcher lentement un char dans lequel était assis un haut fonctionnaire de la reine d'Ethiopie. Cet homme lisait à haute voix un livre que Philippe connaissait bien!

«Comprends-tu ce que tu lis?» demanda Philippe au fonctionnaire.

«Comment le pourrais-je, si personne ne me l'explique?» lui répondit celui-ci. Il invita Philippe à venir s'asseoir à côté de lui.

Il lisait un passage du livre du prophète Esaïe que Jésus avait souvent expliqué à ses amis, car Esaïe y annonçait la mort de Jésus. Alors Philippe annonça à l'Ethiopien la bonne nouvelle de Jésus, et celui-ci voulut devenir chrétien sur le champ! Philippe le baptisa et l'homme reprit son chemin tout heureux.

Paul devient chrétien

Paul avait quitté Jérusalem pour se rendre à Damas, en Syrie: il avait appris qu'il y avait là-bas un groupe de chrétiens, qu'il voulait jeter en prison.

Mais il lui arriva en chemin une bien étrange aventure. Le soleil était écrasant. La lumière était si vive, que Paul en fut aveuglé! Il trébucha et tomba. Au même instant, il entendit quelqu'un qui l'appelait par son nom:

«Paul, Paul! Pourquoi essaies-tu de me tuer?»

«Qui es-tu?» demanda-t-il.

«Je suis Jésus que tu persécutes. Entre dans la ville et là, on te dira ce que tu dois faire.»

Ceux qui accompagnaient Paul entendirent la voix, mais ne virent personne. Paul se releva. Il ouvrit les yeux, mais il ne put rien voir: il était devenu aveugle! Les gens de son escorte le prirent par la main et le conduisirent à Damas.

Il y avait dans cette ville un chrétien nommé Ananias. Dieu lui parla dans une vision et lui dit:

«Il y a, dans une maison de la rue Droite, un homme nommé Paul. Je lui ai dit que tu allais lui rendre la vue en posant tes mains sur lui.»

«Mais cet homme a fait souffrir horriblement les chrétiens! protesta Ananias. Et s'il est venu ici, c'est pour nous arrêter!»

«J'ai choisi Paul pour aller porter mon message à toutes les nations du monde. Je lui montrerai tout ce qu'il doit souffrir pour mon nom.»

Alors Ananias se rendit chez Paul et lui dit: «Jésus m'a envoyé vers toi pour que tu retrouves la vue et que tu reçoives l'Esprit de Dieu.»

A l'instant même, Paul retrouva la vue.

Cette rencontre avec Jésus changea complètement la vie de Paul. Il savait que Jésus était vraiment le Fils de Dieu et il avait honte de tout ce qu'il avait fait dans le passé. Désormais, sa vie allait appartenir à Jésus. Paul se mit à annoncer dans les synagogues juives la bonne nouvelle de Jésus! Les gens avaient du mal à en croire leurs yeux!

Très vite, les Juifs décidèrent de le tuer, mais, par une nuit sombre, ses amis le firent quitter Damas en le faisant descendre le long des murs de la ville dans un grand panier; Paul put ainsi s'échapper. Il alla directement à Jérusalem pour y trouver les amis de Jésus.

Pierre et Corneille

Pierre visitait les groupes de chrétiens dispersés çà et là. A Joppé, il logea chez Simon dans une maison située près de la mer.

A quelques kilomètres de là, à Césarée, habitait un certain Corneille qui faisait partie de l'armée romaine; il était capitaine du régiment italien. Corneille admirait les Juifs et leur Dieu: un Dieu si différent des dieux de Rome! Il faisait tout ce qu'il pouvait pour aider les pauvres. Il disait même chaque jour ses prières.

Un après-midi, un ange vint le voir et lui dit: «Dieu a entendu tes prières; il y a à Joppé un homme nommé Pierre. Envoie-le chercher. Il a quelque chose à te dire, quelque chose que Dieu veut que tu saches...»

Puis l'ange lui expliqua où habitait Pierre.

Le lendemain à midi, Pierre était en train de prier sur le toit plat de la maison de Simon. Il faisait bon à l'ombre du grand auvent. Pierre avait faim et de bonnes odeurs de cuisine flottaient dans l'air. Ses yeux se fermèrent... et il vit quelqu'un qui étendait par terre un grand drap blanc, un drap qui, comme l'auvent, était retenu par les quatre coins. Ce drap contenait toutes sortes de créatures: des oiseaux et des animaux dont certains figuraient sur la liste des aliments «impurs» qu'aucun Juif n'aurait jamais mangé, car la Loi de Dieu l'interdisait.

«Pierre! Lève-toi! dit une voix. Tue et mange!»

«Oh non! Ces créatures sont impures!»

«Ne dis pas qu'une chose est impure si Dieu dit qu'elle est pure.»

La même scène se répéta trois fois. Et Pierre comprit qu'il s'agissait là d'un message que Dieu lui envoyait. Mais que signifiait ce message?

Au même moment, les hommes envoyés par Corneille frappèrent à la porte. Quand Pierre rencontra Corneille, il comprit le sens du message de Dieu. La bonne nouvelle de Jésus n'était pas seulement pour les Juifs; elle était pour le monde entier!

Corneille avait invité tous ses amis et ses voisins à

venir écouter Pierre. Pierre leur dit:

«Dieu traite tous les hommes de la même façon, quel que soit le pays d'où ils viennent.»

Il leur parla de Jésus. Quand il eut terminé, Dieu envoya son Esprit et tout se passa à nouveau comme au jour de la Pentecôte.

Peu de temps après, le roi Hérode Agrippa (petit-fils du roi Hérode le Grand) arrêta Jacques et le fit exécuter. Les chrétiens se mirent à prier avec ferveur pour Pierre, car il était, lui aussi, en prison.

Mais dans la nuit, un ange de Dieu entra dans la cellule de Pierre et le réveilla; les chaînes tombèrent d'elles-mêmes de ses poignets.

«Mets ta ceinture, ton manteau et tes chaussures, et suis moi», lui dit l'ange.

Pierre croyait rêver!

Ils passèrent devant les postes de gardes et arrivèrent devant la porte de la prison qui s'ouvrit toute seule devant eux: ils sortirent et Pierre se retrouva dans la rue.

L'ange avait disparu et un vent frais fit frissonner
Pierre.

«Ce n'était pas un rêve, se dit-il, Dieu a envoyé son
ange pour me sauver!»

Et il courut vers la maison de Marie, la mère de
Jean-Marc. Beaucoup de chrétiens y étaient réunis pour
prier. Pierre frappa à la porte. Une servante nommée
Rhode accourut, mais dès qu'elle eut reconnu la voix de
Pierre, elle courut prévenir les autres, laissant Pierre tout
seul dans la rue!

Tous crurent d'abord qu'elle était folle, mais
comme Pierre continuait à frapper, ils se décidèrent à
venir lui ouvrir. Pierre leur raconta toute son histoire.

Le lendemain matin, à la prison, les gardes ne
purent expliquer ce qui s'était passé. Finalement, comme
Pierre demeurait introuvable, Hérode les fit exécuter.

Les voyages de Paul

A Antioche, en Syrie, les chrétiens étaient de plus en plus nombreux; ils avaient besoin d'enseignants. Barnabas était venu de Jérusalem pour les aider, puis il était allé chercher Paul, qui était rentré chez lui à Tarse.

Mais Dieu avait un autre travail à confier à ces deux hommes.

«J'ai besoin de Barnabas et de Paul pour une importante mission, dit-il aux responsables de l'Eglise. Ils doivent aller vers ceux qui n'ont jamais entendu parler de Jésus.»

Paul et Barnabas partirent d'abord pour Chypre où Barnabas était né. Puis ils reprirent le bateau et arrivèrent en Turquie. Ils traversèrent tout le pays – à pied la plupart du temps – en allant d'une ville à l'autre.

Ils commençaient toujours par se rendre dans les synagogues pour parler aux Juifs. Mais rares étaient ceux qui les écoutaient; les Juifs refusaient de croire que Jésus était le Roi promis par Dieu. Ils soulevaient même souvent la foule contre Paul et Barnabas qui ne réussissaient parfois à échapper que de justesse.

Mais dans chaque ville, quelques personnes qui les

écoutaient avec un grand intérêt, mettaient leur confiance en Jésus. Paul et Barnabas choisissaient alors des responsables pour chaque nouveau groupe chrétien puis s'en allaient plus loin.

De retour à Antioche, Paul et Barnabas racontèrent aux chrétiens tout ce qui leur était arrivé. Peu de temps après, Paul repartit en voyage. Cette fois, il emmenait avec lui Silas. Ils allèrent à Lystre, en Turquie, où un jeune homme nommé Timothée se joignit à eux. Lorsqu'ils eurent atteint la côte, Paul se demanda où aller lorsqu'il fit un rêve; il vit un homme originaire de Grèce qui l'appelait:

«Viens en Grèce à notre secours!»

Paul se réveilla, convaincu qu'il s'agissait là d'un message de Dieu; ils reprirent donc le bateau et traversèrent la mer Egée.

En prison à Philippes

Une semaine plus tard, Paul et Silas étaient dans une prison grecque! Ils avaient été arrêtés à Philippes et fouettés.

Dans leur prison, Paul et Silas priaient Dieu et chantaient des cantiques. Soudain, ils sentirent la terre trembler. Les portes de la prison s'ouvrirent et les chaînes des prisonniers tombèrent.

Le geôlier crut que tous ses prisonniers s'étaient échappés; il allait se suicider, lorsque Paul l'appela. Il lui parla et le geôlier devint chrétien! Lorsque Paul et ses amis quittèrent Philippes, ils laissaient derrière eux un petit groupe de chrétiens.

Paul commença alors à écrire des lettres pour rester en contact avec eux et avec d'autres groupes chrétiens. Ses lettres étaient remplies de paroles sages et pratiques, ainsi que d'enseignements concernant Jésus, l'Eglise chrétienne, et l'avenir du monde. Elles disaient aux chrétiens ce que Dieu voulait pour eux.

Athènes et Corinthe

Paul et ses amis se dirigèrent vers Athènes. Paul fut bouleversé de voir cette grande ville remplie d'idoles. Les gens de la ville ne connaissaient rien du seul vrai Dieu. Paul leur parla donc de Dieu, de Jésus et de sa résurrection.

Les Athéniens aimaient les beaux discours, aussi Paul fut-il bientôt invité par le Conseil de la ville à présenter son nouvel enseignement. Mais très peu devinrent chrétiens, car ils ne croyaient pas en la résurrection.

Paul partit alors pour Corinthe, une ville active et commerçante. Il s'y fit deux nouveaux amis: un Juif nommé Aquilas et sa femme Priscille chez qui il habita. Il gagnait sa vie en fabriquant des tentes, avec ses amis. Pendant dix-huit mois, ils annoncèrent ensemble aux habitants de Corinthe tout ce que Jésus avait fait pour eux.

Emeute à Ephèse
Puis tous quittèrent Corinthe: Aquilas et Priscille partirent pour Ephèse, Paul et ses amis pour Antioche.

Mais peu de temps après, Paul arriva lui aussi à Ephèse et y resta deux ans pour enseigner.

Ephèse était une ville célèbre pour son temple consacré à la déesse Diane. Les orfèvres s'y enrichissaient en vendant de petites statuettes de la déesse en argent. Mais, grâce au travail de Paul et de ses amis, tant de gens devinrent chrétiens que ce commerce alla à sa ruine.

Démétrius, l'un des orfèvres, rassembla toute une foule, l'excita et provoqua une véritable émeute. Deux des amis de Paul furent traînés jusqu'au grand amphithéâtre; la foule hurla et cria pendant des heures, jusqu'à ce qu'enfin un notable de la ville réussisse à la calmer.

Quand la paix fut revenue, Paul rassembla les chrétiens d'Ephèse et leur dit adieu. Il se rendit à Jérusalem, après être d'abord retourné en Grèce.

Paul savait que de nombreux dangers le guettaient, aussi il profita d'une escale de son bateau à Milet pour faire venir ses amis d'Ephèse (Milet est tout proche d'Ephèse). Il les encouragea et ils prièrent ensemble. Puis, ils le raccompagnèrent tristement jusqu'à son bateau car ils savaient qu'ils ne le reverraient sans doute jamais.

La prison, et le naufrage

A peine était-il arrivé à Jérusalem que Paul se retrouva au centre d'une nouvelle émeute! Les Juifs croyaient qu'il avait fait entrer dans le Temple un ami non-juif (ce qui était strictement interdit). Les soldats romains arrivèrent juste à temps pour lui sauver la vie.

Pourtant, même en prison, Paul n'était plus en sécurité. Aussi, il fallut l'envoyer à Césarée. Là, les Juifs vinrent l'accuser de mille et une choses. Félix, le gouverneur romain, écouta Paul présenter sa défense, mais ne rendit aucun jugement. Deux ans plus tard, lorsque Festus remplaça Félix au poste de gouverneur, Paul était toujours en prison.

«Veux-tu être jugé à Jérusalem?» lui demanda Festus.

En tant que citoyen romain Paul avait le droit de présenter son cas à l'empereur.

«Non, dit-il. Je fais appel à l'empereur.»

«Très bien, tu partiras pour Rome», répondit Festus.

Le mois de septembre se terminait lorsque Paul et quelques autres prisonniers s'embarquèrent pour Rome sous la garde de Julius, officier romain du régiment de l'empereur. Au large de la Crète, le navire fut pris dans une tempête. Comme il était impossible de maintenir le cap, les marins laissèrent dériver le bateau. Le lendemain, ils jetèrent par-dessus bord une partie de la cargaison pour l'alléger. La tempête fit rage pendant quinze jours, et pendant quinze jours le soleil et les

étoiles demeurèrent invisibles.

Puis, un soir, les marins sentirent que la terre était proche. Craignant de s'écraser contre les rochers, ils jetèrent toutes les ancres. A l'aube, Paul encouragea tous les occupants du navire à manger un peu.

«Le bateau sera perdu, leur dit-il. Mais Dieu a promis que nous aurons la vie sauve.»

Quand le jour se leva, le navire s'échoua sur un banc de sable et commença à se disloquer. Les soldats voulaient tuer les prisonniers, mais Julius les en empêcha car il voulait sauver la vie de Paul. Il donna l'ordre à ceux qui savaient nager de rejoindre le rivage et aux autres de gagner la côte en s'accrochant aux planches qui s'étaient détachées du navire. Et c'est ainsi que tous atteignirent la côte sains et saufs. Ils apprirent alors qu'ils se trouvaient sur l'île de Malte!

Il ne fallait pas songer à reprendre la mer avant le printemps. Ils ne reprirent donc la mer qu'au printemps et tout se passa bien. Paul arriva à Rome.

Les chrétiens de Rome vinrent à sa rencontre.

Pendant les deux années qui suivirent – en attendant son procès – Paul fut autorisé à accueillir tous ceux qui désiraient le voir; à tous il parlait du Seigneur Jésus-Christ.

De Jérusalem, la Bonne Nouvelle avait gagné Antioche en Syrie, la Grèce et même Rome! Dans tout l'empire Romain, des chrétiens annonçaient le message de Jésus à leurs amis. Comme Paul, ils étaient prêts à souffrir et à mourir pour leur foi.

Ce qui se passa ensuite est une autre histoire, une histoire qui s'étend sur deux mille ans et dans le monde entier. Cette histoire n'est pas encore finie. Elle ne se terminera que lorsque Jésus reviendra. Alors, il y aura un nouveau ciel et une nouvelle terre, et Dieu habitera pour toujours parmi son peuple.